KB068563

예술
인

필독서
개정판

예술인 권익보호를 위한

예술인

예술인 필독서지만 예술은 이야기하지 않습니다.

필독서

안효준 지음

예술인을 위한 최소한의 법률지식

예술가, 예술을 전공하는 학생, 예술업계에서 일하는 모든 사람의 필독서
예술활동을 하면서 반드시 알아야 하는 법률을 쉬운 언어로 다시 썼다.

바른북스

예술인 필독서지만
예술은 이야기하지 않습니다

　대한민국 헌법 제22조는 모든 국민은 예술의 자유를 가지며 예술가의 권리는 법률로써 보호한다고 규정한다. 그러나 지난 10년간 예술 현장에서 내가 본 것은 예술가의 권리가 보호받지 못하는 현실이었다. 법치주의 국가인 대한민국에서 법을 몰라 권리와 이익을 제대로 보호받지 못하는 현실은 과거부터 예술인을 지속해서 괴롭혔다. 하지만 긍정적인 것은 현재 법과 정책 그리고 자신의 권익에 관심을 두는 예술인이 점점 늘어나기 시작했다는 것이다. 책을 쓰기로 마음먹은 것은 이 때문이다. 지금까지 내가 고민하고, 배우고, 공부한 지식을 효율적으로 예술인에게 알려주고 싶었다. 이 책은 예술을 하는 사람이 최소한 이 정도의 지식과 정보는 알고 예술을 했으면 좋겠다는 내 생각에서 시작되었다.

　이 책은 예술계 전체에 도움이 되었으면 하거나 예술과 관련된 법과 제도에 큰 영향을 미치게 하겠다는 등의 거대하고 당찬 목표는 전혀 없다. 그저 한 명의 예술인이라도 이 책을 읽고 자신의 권리와 이익을 지키는데 전보다 조금이라도 더 긍정적인 영향을 주었다면 그것으로 만족한다. 끝으로 이 책이 나오기까지 도움을 준 모든 분께 감사를 드린다.

개정판을 내면서

2020년 여름, 오랫동안 준비했던 책을 내면서 생각했던 작은 바람은 신설되거나 변경된 제도와 정책 그리고 법률과 판례 등을 추가하면서 개정판을 내는 것이었다. 그리고 펼침 면의 작가 소개처럼 운이 좋게도 이렇게 2022년 겨울, 개정판을 내게 되었다. 초판 원고를 마무리하던 때부터 현재까지 많은 법과 제도가 새롭게 만들어졌거나 바뀌었고, 문화예술과 관련된 새로운 판례 등도 계속 생산되고 있다. 이러한 내용 중 이 책과 관련된 부분을 찾아 이번 개정판에 반영했다.

첫 번째로 2020년 12월 10일 시행된 예술인 고용보험과 관련된 내용을 이 책 12장에 추가하였다. 예술인 고용보험이 무엇인지, 어떻게 가입하는지, 실무적으로 어떻게 적용되는지 등에 관한 내용을 소개한다. 두 번째로 2020년 고등법원에서 판결이 나왔으나 작가가 항소하여 확정되지 않았던 저작권침해금지 등 청구의 소(**구름빵 캐릭터 저작권 소송**)가 최종 확정되어 내용을 추가하였다. 이 책 6장에서 해당 판결 내용을 확인할 수 있다. 세 번째로 2021년 부가가치세 간이과세자에 대한 세법이 개정되어 그 내용을 담았고, 이 책 14장에서 확인할 수 있다. 네 번째로 2021년 9월 24일 제정되고, 2022년 9월 25일 시행되는 예술인의 지위와 권리의 보장에 관한 법률(약칭: 예술인권리보장법)의 내용을 이 책 2장에 포함했으며, 마지막으로 이 책 15장에서 비영리 문화예술 단체, 법인과 관련하여 복잡하게 느껴질 수 있는 내용을 수정하고, 실무에서 이행하여야 하는 회계, 세법상 의무에 대한 내용을 추가하였다.

그 밖에 각종 조사에 따른 수치 등을 가장 최근 조사치로 변경하였으며, 법적인 근거가 명확하지 않은 작가의 개인적인 생각이 너무 많이 포함된 내용과 과도하게 지엽적이거나 예술활동을 하면서 실무에서 접하기 힘은 부분은 삭제하였다. 이번 개정 과정은 예술인에게 유용한 최신 지식과 정보를 최대한 쉽게 이해할 수 있게 하는 것에 중점을 두었으므로 그 효과가 적절히 나타나기를 바란다.

이 책을 읽는 방법

이 책의 내용을 구성하면서 가장 고민했던 것은 예술인이 예술활동을 하면 반드시 한번은 직면할 수밖에 없는 법률이 무엇인지를 선택하는 것이었다. 이에 이 책에서는 예술인복지법, 문화예술진흥법, 민법 중 계약법, 노동법, 저작권법, 소득세법, 사회보험법, 부가가치세법 등이 소개되며 법률 전체를 다루는 것은 아니고, 책의 주제와 관련 있는 법률 일부분과 관련 판례 그리고 예술인에게 도움이 되는 정보에 집중한다. 또한, 법률을 다루긴 하지만 예술인이 읽기 부담스럽지 않고, 쉽게 이해하기 위한 문장과 단어로 책 내용을 구성하였으므로 법률 전문가가 이 책을 보았을 때 용어 또는 표현이 어색해 보일 수 있다는 점은 미리 안내하겠다.

이 책은 총 15장으로 되어 있다. 1장부터 7장까지는 모든 예술인이 상식처럼 알고 있어야 하는 내용을 다루었다. 1장, 2장 그리고 3장은 이 책을 통해 유용한 정보를 주고자 하는 예술인이 누구인지 명확히 정의하며 예술인복지법과 예술인권리보장법을 소개한다. 4장과 5장은 프리랜서 예술인의 법적 지위에 관한 내용과 예술인의 노동법 적용 여부 그리고 관련 주요 판례를 함께 검토하고, 6장은 계약에 관한 내용으로서 민법 중 계약법에 관한 내용과 이에 우선하여 적용되는 예술인복지법의 규정을 함께 설명한다. 7장은 저작권에 관한 내용으로서 저작권에 대한 깊이 있는 학문적 이해보다는 비교적 최근 판례를 소개하고 설명하여 저작권의 개념 정도를 이해하는 것이 목적이다.

8장부터 12장까지는 예술인이라면 피해 갈 수 없는 지출인 소득세와 사회보험료에 관한 법률을 설명한다. 8장부터 10장은 예술인의 소득에 대한 세금인 소득세법에 관한 내용 그리고 실무적으로 어떻게 소득세를 신고하고 납부하는지에 관한 내용과 예술인이 대가를 받을 때 경험하는 원천징수에 관한 내용을 담았다. 11장과 12장은 사회보험법에 관한 내용이다. 11장은 국민연금과 건강보험에 관한 내용으로서 예술인 대부분의 지위인 지역가입자의 국민연금과 건강보험을 다루고, 12장은 고용보험과 산재보험에 관한 내용으로서 예술인 고용보험을 설명하며 예술인이 산재보험에 가입하는 방법을 소개한다.

13장과 14장은 사업자인 예술인과 사업자등록을 준비하는 예술인에게 유용한 정보를 줄 수 있는 부가가치세법의 규정을 다룬다. 15장은 비영리 조직(NPO, Non-Profit Organization)에 대하여 설명하고, 문화예술진흥법에 따른 전문예술법인, 전문예술단체 지정제도를 소개하므로 예술 관련 사단법인, 사회적협동조합, 임의단체를 운영하는 예술인에게는 필요한 정보를 제공할 것이다. 13장, 14장은 사업자에 관심이 없다면 읽지 않아도 무방하며, 15장은 비영리 예술활동에 관심이 없다면 내용이 복잡할 수 있으므로 읽지 않는 것을 추천한다.

목차

제1장
예술인은 누구입니까?

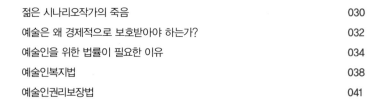

제2장
예술인복지법과 예술인권리보장법

제3장
법적으로 예술인이 되는 방법

제7장
내가 만든 창작물에 대한 권리

제8장
세금! 이건 알고 내야지

제9장
받을 대가에서 3.3%는 왜 떼는 걸까?

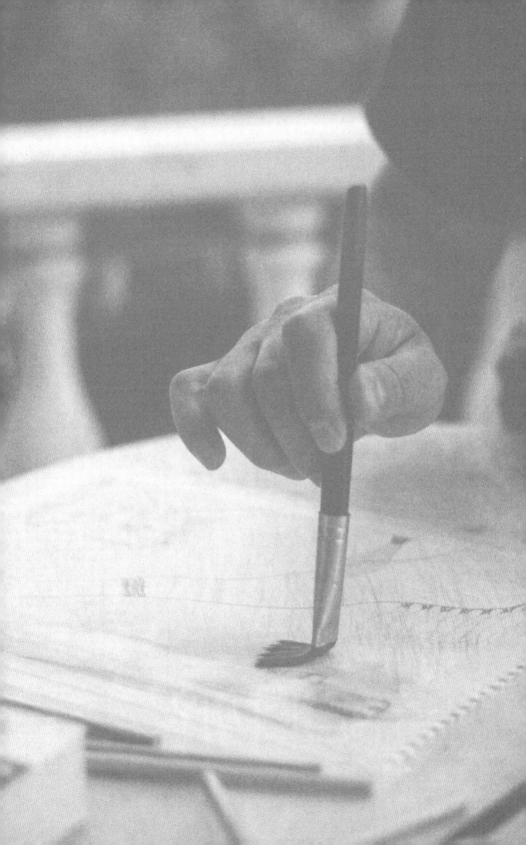

01
/
예술인은
누구입니까?

예술을 정의할 수 있는가?
예술을 정의한 법률
예술인

예술을 정의할 수 있는가?

예술인은 예술과 사람을 합친 말로 예술을 하는 사람 정도로 말할 수 있다. 여기에서 사람이라는 단어는 굳이 정의하지 않아도 이해할 수 있지만, 예술이라는 단어는 정의하지 않는다면 예술인의 범위를 특정할 수 없다. 예술은 사전적으로 기예와 학술을 아울러 이르는 말 그리고 특별한 재료, 기교, 양식 따위로 감상의 대상이 되는 아름다움을 표현하려는 인간의 활동 및 그 작품으로 정의한다. 따라서 예술인은 예술작품을 창작하거나 표현하는 사람으로 사전적 정의를 할 수 있다.

그러나 사전적인 예술의 정의는 별개로 하고, 예술을 정의할 수 없다고 생각하는 사람도 있다. 빅토리아 D. 알렉산더(Victoria D. Alexander)는 그의 저서 "*Sociology of the Arts*"에서 예술을 추상적인 용어로 정의하는 것은 불가능하다고 언급하였다. 예술은 사회적으로 정의되므로 같은 것을 보아도 예술처럼 보일 수도 있고, 그렇지 않을 수도 있다는 의미이다. 예를 들어 스마트폰을 구매하면 제조사별로 기본 배경 화면을 선택할 수 있는데 만약 그 기본 배경 화면이 우리 스마트폰 화면이 아닌 미술관의 고급스러운 액자 안에 있다고 가정해보자. 아마도 우리는 그것을 예술로 받아들일 것이다.

우리가 창작자를 이미 예술가로 생각한다면, 또는 만일 우리가 미술관에서 작품을 본다면, 우리는 그것을 예술로 부르는 경향이 있다. 이것은 맥락의 중요성을 지적한다. 사회학자 하워드 베커(Howard Becker)는 예술의 정의에서 맥락이 가장 중요한 측면이라고 믿었다.[1] 즉, 예술은 사람의 관점에 따라 정의되므로 명확하지 않은 사회적인 개념이다.

예술의 정의에 대한 다른 의견을 살펴보자. 미국 예술계에 큰 영향을 끼친 미술비평가이자 철학자인 아서 단토(Arthur C. Danto)는 그의 저서 "What Art Is"에서 예술은 가장 우선적인 특징이 없기 때문에 정의할 수 없다는 생각은 주로 미학자들이 결정한 개념이고, 그렇다면 이는 열린 개념에 불과하다고 하였다. 그러나 그의 개념에서 예술은 닫힌 개념이 되어야 하고 이런저런 형식의 예술이 왜 보편적인지를 설명할 수 있는 가장 우선적인 성질들이 예술에는 분명히 존재할 것이라며 이는 예술사 전반에 걸쳐 있다고 언급했다.[2] 그는 뒤샹과 워홀 등 예술사에 등장하는 인물과 작품을 통해 예술을 바라보았다.

또한 예술은 현대 시대에서는 예술을 소비하는 사람을 개발하는 것이 매우 중요하기 때문에 마케팅의 중요성이 항상 강조된다. 예술경영 마케팅에서 독보적인 교재로 잘 알려진 "Standing Room Only"[3]

1   빅토리아 D. 알렉산더, 『예술사회학』, 옮긴이 최샛별·한준·김은하, 살림출판사, 2010, p.31
2   아서 단토, 『무엇이 예술인가』, 옮긴이 김한영, 은행나무, 2015, p.12-13
3   "전석 매진"이라는 제목으로 국내에서 번역본이 출간되었다.

의 저자 필립 코틀러(Philip Kotler)와 조앤 셰프(Joanne Scheff)는 예술을 서비스로서의 상품으로 취급하여 공연예술시장을 이해하고 마케팅전략을 개발하는 등 경영이론을 적용하여 분석하기도 하였다. 여기에서 예술은 형태가 없고, 소비하면 소멸하며, 고객의 참여가 핵심적인 특징 등을 지닌 서비스로 보았다.

예술의 정의에 관하여는 여러 의견이 있고, 그런 의견 모두 개개인의 관점에서 보았을 때 충분히 이해할 수 있다. 그러나 이 책에서 예술을 정의하지 않고, 범위를 특정하지 않는다면 앞으로 이야기할 내용이 자칫 잘못된 정보로 다가올 수 있다. 따라서 최소한 이 책에서는 예술을 명확히 정의하고 예술인의 범위를 특정하여 그들을 위한 정보를 제공하려고 한다. 이미 서론에서 언급했듯이 이 책은 예술인을 위한 책이지만 예술 그 자체와 관련된 책이 아니며 저자 또한 예술을 스스로 정의할 정도로 감각적이지도 않다. 따라서 조금 어색할수 있겠지만 이 책에서 말하는 예술의 정의와 예술인의 범위는 대한민국 법률에 따르겠다.

예술을 정의한 법률

1972년 우리나라에 최초로 예술을 지원하기 위한 법률인 문화예술진흥법이 제정되었다. 이는 문화예술을 뒷받침하기 위한 법률로서 문화예술을 문학, 미술(응용미술을 포함한다), 음악, 무용, 연극, 영화, 연예, 국악, 사진, 건축, 어문, 출판 및 만화로 정의하였다. 문화예술은 예술보다는 조금 더 구체적인 개념이지만 예술을 정의하기 위해 오랜 시간 고민한 예술가, 철학자와 달리 문화예술을 한 줄, 한 문장으로 정의했다는 점에서 역시 법률이구나 싶기도 하다.

물론 예술을 지원하기 위하여 문화예술을 분야별로 간단, 명료하게 정의한 점에서 의미는 있다. 목적 자체가 예술지원이므로 문화예술 분야를 추상적이거나 애매하고, 복잡하게 정의한다면 지원범위에 착오가 있을 수도 있기 때문이다. 그러나 이러한 간단, 명료한 문화예술의 정의는 과거 설치미술가 김수자의 대표작 〈바늘여인〉을 작품으로 인정하지 않고 단순 레코드·테이프와 기타 매체로 판단한 관세청의 사건[4]처럼 예술을 특정한 카테고리 안에 가두어 잘못된 판단을 내리는 오류를 발생시킬 수 있다.[5]

---

4   이후에 서울행정법원에서 예술작품으로 인정받았다.
5   이 사건은 이해를 위한 사례로써, 문화예술진흥법에 따른 문화예술의 정의에 관한 판단오류가 당시 사건, 소송의 쟁점은 아니었다. 이 사건, 소송의 쟁점은 관세법의 면세 대상 판단이었다.

예술, 예술인과 정확히 일치하는 개념은 아니지만, 저작자의 재산권 형성과 보호에 관한 법률인 저작권법에서는 저작물, 저작자, 실연자를 정의하고 있다. 저작물은 인간의 사상 또는 감정을 표현한 창작물을 말하고, 저작자는 저작물을 창작한 자를 말하며, 실연자는 저작물을 연기·무용·연주·가창·구연·낭독 그 밖의 예능적 방법으로 표현하거나 저작물이 아닌 것을 이와 유사한 방법으로 표현하는 실연을 하는 자를 말하며, 실연을 지휘, 연출 또는 감독하는 자를 포함한다고 정의한다. 저작권법에서의 저작자와 실연자는 창작활동을 통한 저작권이라는 재산권을 보유하는 자이므로 그 범위가 문화예술진흥법에서 말하는 예술과 예술인에 포함된다고 볼 수 있다. 그러나 저작권법은 예술지원보다는 권리보호에 목적이 있는 법률이므로 그 범위가 제한된다. 저작자와 실연자는 모두 예술인이지만 모든 예술인이 저작자와 실연자로서 저작권에 대한 재산권을 보유하는 것은 아니기 때문이다.

2011년 제정된 예술인복지법에서는 예술인을 예술활동을 업으로 하여 국가를 문화적·사회적·경제적·정치적으로 풍요롭게 만드는 데 공헌하는 자로서 문화예술진흥법 제2조 제1항 제1호에 따른 문화예술 분야에서 대통령령으로 정하는 바에 따라 창작, 실연, 기술지원 등의 활동을 증명할 수 있는 자로 정의하였다. 예술인복지법에서의 예술인은 예술에 필요한 기술지원을 하는 사람도 포함하여, 고전적인 예술인의 범위를 현실에 맞게 확장했다는 점에서 의미가 있다.

마지막으로 2021년 9월 24일 제정되고, 2022년 9월 25일 시행되는 예술인의 지위와 권리의 보장에 관한 법률(약칭: **예술인권리보장법**)에서는 예술활동을 업으로 하여 국가를 문화적·사회적·경제적·정치적으로 풍요롭게 만드는 데 공헌하는 사람으로서 문화예술 분야에서 창작, 실연, 기술지원을 하는 사람과 예술활동을 업으로 하기 위하여 대통령령으로 정하는 바에 따라 교육·훈련 등을 받았거나 받는 사람을 예술인으로 정의하였다. 예술인권리보장법에서 예술인은 예술인복지법에서의 예술인과 정의가 거의 비슷하지만, 예술활동증명이 없어도 실질적으로 예술활동을 업으로 하는 사람과 아직 예술활동을 시작하지 않은 교육·훈련을 받았거나 받는 사람까지 포함하므로 예술인의 범위가 가장 넓다고 볼 수 있다.

이 책에서 말하는 예술인의 범위는 예술인권리보장법에서 정의하는 예술인의 범위와 가장 유사하다. 예술인복지법의 예술인은 문화예술진흥법 제2조 제1항 제1호에 따른 문화예술 분야에서 창작, 실연, 기술지원의 활동을 증명할 수 있는 자이지만, 이 책에서 예술인의 범위는 창작, 실연, 기술지원의 활동을 증명할 수 없더라도 실질적으로 예술활동을 업으로 하는 모든 사람과 예술활동을 하기 위하여 교육·훈련을 받았거나 받는 사람을 모두 포함한다.

예술인복지법에서 정의하는 예술인은 문화예술 분야에서 창작, 실연, 기술지원의 활동을 증명할 수 있는 자이고, 예술활동 증명에는 법률에 따른 절차가 있다. 그러나 이 절차는 실질적으로 예술활동을 하는 사람뿐만 아니라 취미로서 예술활동을 하는 사람들도 요건만 충족되면 쉽게 통과할 수 있다는 제도적인 문제점이 있다. 현재 미술작가의 경우 5회 이상 미술 전시회에 참여하였거나 1회 이상 개인전 개최, 또는 5회 이상 관련 매체 등에 작품을 발표하거나 1권 이상의 작품집을 발표한다면 예술활동 증명기준에 충족된다. 이 기준에 따르면 각종 문화센터, 주민센터, 문화교육 프로그램 등을 통해 취미 삼아 예술을 배워 시작한 사람도 활동 증명조건을 갖추면 예술인의 범

주에 포함될 수 있다는 얘기다. 사실 1년에 1번 전시는 각종 문화센터나 동호회 활동으로도 가능하다.[6]

이 책은 행정적인 절차인 예술활동증명을 하였는지와는 관계없이 실질적으로 예술활동을 하는 예술인에게 필요한 정보를 알기 쉽게 제공하는 데 목적이 있다. 따라서 이 책에서의 예술인은 예술인복지법에 따른 예술활동증명을 거쳤는지 여부와 관계없이 실질적으로 단순히 취미나 동호회 활동 정도에 그치지 않는 예술활동을 업으로 하는 사람과 예술활동을 위해 교육·훈련을 받았거나 받는 사람을 의미하는 것으로 예술인권리보장법에 따른 예술인의 정의와 같다는 결론을 내리겠다. 그리고 문맥에 따라 예술인을 예술가로 표현할 수도 있으나 같다고 보면 된다.

---

6   이범헌, 『예술인 복지에서 삶의 향유로』, 도서출판 밈, 2020, p.167

예술인복지법에서 정의하는 예술인

문화예술진흥법 제2조 제1항 제1호에 따른 문화예술 분야 에서
창작, 실연, 기술지원의 활동을 증명할 수 있는 자

문학, 미술(응용미술을 포함한다), 음악, 무용, 연극, 영화,
연예, 국악, 사진, 건축, 어문, 출판 및 만화

예술인권리보장법에서 정의하는 예술인

문화예술진흥법 제2조 제1항 제1호에 따른 문화예술 분야에서

창작, 실연, 기술지원의 활동 을 업으로 하는 자와

예술활동을 하기위하여 교육 · 훈련을 받았거나 받는 자

취미나 동호회 정도에 그치는 활동은 제외

02
/
예술인복지법과
예술인권리보장법

젊은 시나리오작가의 죽음

경기도 안양의 어느 다세대 주택에서 한 여성이 숨진 채 발견되었다. 신고받고 출동한 구급대원이 도착했을 당시 시신은 이미 숨진 지 여러 날이 지난 뒤였다. 월세 단칸방에 홀로 숨겨 있던 이 여성은 32살의 젊은 영화 시나리오작가였다. 그리고 그녀의 문 앞에는 아래와 같은 쪽지가 붙어 있었고, 이 쪽지는 그녀의 유언이 되었다.

'남는 밥이랑 김치 있으면 저희 집 문 좀 두들겨 주세요'

그녀는 한국예술종합학교 영상원에서 영화를 전공한 故최고은 작가였다. 재학 중에 쓴 단편영화 시나리오로 국제영화제에서 수상까지 하며 유망한 시나리오작가로 기대를 모았었다. 그러나 그녀는 극도의 생활고에 시달리며 차가운 방에서 굶어 죽었다. 이는 아주 먼 과거 이야기도 아니고 아주 먼 나라 이야기도 아닌 바로 2011년 대한민국에서 발생한 사실이다.

한 젊은 예술가가 빈곤으로 세상을 떠나기 전 그녀에게 도움을 주었던 사람은 오직 그녀에게 쌀과 음식을 갖다주고, 가스비나 전기요금을 대신 내준 집주인뿐이었다. 다른 일이라도 했어야 한다며 그녀의 죽음을 비난할 수도 있다. 그러나 돈이 되는 다른 일을 하기에는 영화와 음악에 대한 사랑이 너무 뜨거웠으며, 예술가의 자존심이 너무 강했을 것이다. 그렇다고 이들의 죽음을 시장 탓으로만 돌릴 수는 없다. 시장은 당연히 이윤이 나는 쪽으로 움직일 수밖에 없기 때문이다.[7] 그러나 시장원리를 적용할 수 없는 예술은 국가에서 제도적인 장치를 마련하여 보호했어야 하지만 당시 우리나라는 그러지 못했다. 그녀의 죽음은 사회적 타살이었다.

7 "어느 젊은 시나리오 작가의 죽음", 〈독서신문〉, 2011.02., 〈http://www.readersnews.com/news/articleView.html?idxno=25027〉(접속일:2020.05.23.)

예술은 왜 경제적으로 보호받아야 하는가?

아마도 예술인이 아닌 사람이 할 수 있는 질문일 것이다. 예술과 관련된 일을 하면서 경제적으로 힘들다면, 다른 일을 선택하라는 아주 합리적인 조언을 하면서 말이다. 그러나 예술은 경제적인 합리성으로만 판단할 수는 없다. 예술은 경제학에서 공공재, 가치재의 특성이 있으며, 정의 외부효과가 발생하고, 소득이 재분배되는 효과 등이 있다고 설명한다. 이러한 경제학적인 효과에 대해서는 이 책에서 자세히 설명하지 않겠다. 결론만 말하면 예술의 생산은 사회에 긍정적인 효과가 발생함에도 불구하고 이를 시장에 맡기면 과소하게 생산되므로 정부가 개입하여 공적인 지원을 해야 한다는 것이다.

이 부분에서 보호받는다는 것의 의미는 재정 지원을 받는다는 의미가 가장 크다. 그렇다면 공적인 재정 지원은 결국 국가에서 예술을 위하여 예산을 편성한다는 의미인데, 정부는 아무런 근거 없이 예술에 예산을 편성하고 투입할 수는 없다. 왜 시장에 맡기면 예술은 과소생산 되는지, 왜 예술산업은 다른 산업과 비교하여 많은 적자가 발생하는지 등 예술계는 공적 지원을 받기 위하여 설득력 있는 근거를 제시하여야 할 것이고, 그 정도는 최소한 재정 지원의 재원인 세금을 내는 납세자와 "왜 예술만 보호받아야 하는가?"라는 질문을 할 수 있는 예술을 하지 않는 다른 업계가 이해할 수 있어야 할 것이다.

　예술의 공적 지원에 있어 설득력 있는 근거로서 제시되며 예술경영학에서 가장 많이 언급되는 논문은 예술가가 아닌 두 명의 경제학자에 의해 발표되었다. 1966년 미국의 보몰(William J. Baumol)과 보웬(William G. Bowen)이 발표한 'Performing Arts - The Economic Dilemma'가 그것이다. 공연예술산업에는 경제적인 딜레마가 있다는 것이다. 일반적으로 산업은 규모가 커지면 생산성 증가 효과도 함께 커지므로 기업의 이윤이 증가하지만, 공연예술은 산업이 커지더라도 생산성 증가 효과가 미미하여 오히려 적자가 누적된다는 내용이다. 물론 논문은 공연예술산업에 대하여 분석하였지만, 노동집약적인 예술과 관련된 산업에도 대부분 적용할 수 있을 것이다. 결과적으로 이 논문은 예술의 정부 지원에 반대하던 미국의 의회를 설득할 수 있었고, 국가 예술기금인 국립예술기금(National Endowments for the Art, NEA)이 설립될 수 있었으며, 이 논문은 미국뿐만 아니라 현재도 많은 국가에서 예술의 직접적인 지원에 대한 근거가 되고 있다.

예술인을 위한 법률이 필요한 이유

　예술을 노동으로 표현하는 것을 좋아하지 않을 수도 있다. 현대 사회에서 기업이 전체 노동의 상당 부분을 가져간다고 했을 때 자신의 에너지를 기업을 위하여 소비되는 것으로 비춰질 수 있기 때문이다. 그러나 노동의 사전적 의미는 몸을 움직여 일하는 것으로 예술 자체는 노동이 될 수 없지만, 예술을 하는 활동은 노동으로 볼 수 있다. 노동은 삶에서 필요한 것을 만들거나 구매할 수 있게 함으로써 개인 삶의 질을 높이게 할 수 있으므로, 예술인이 예술활동 통하여 개인의 삶과 사회를 가치 있게 만들 수 있다고 하였을 때 이 둘은 상당히 유사하다고 볼 수 있다. 앞으로 이 책에서 예술활동은 노동으로 취급하겠다.

　예술활동은 개인의 창의성 있는 노동력을 제공하는 활동이다. 예술의 최종 산출물은 작품으로 나오지만, 그 과정은 예술인의 시간 투자가 필수인 일종의 극도로 노동집약적인 활동이다. 이러한 예술산업에서 예술활동을 하는 즉, 노동을 제공하는 예술인은 왜 다른 노동을 제공하는 자들과는 달리 별도로 이들을 보호하는 법률이 필요할까? 노동을 제공하는 사람은 노동을 제공받는 사람과 비교하여 상대적으로 낮은 위치에 있으므로 사업주의 불공정한 행위의 피해자가 될 수밖에 없으며 안전을 보장받을 수 없으므로 대한민국에서는 노동법이 만들어지고 강화되었다. 그 대표적인 법률로는 근로기준법이 있다. 근로기준법은 근로자를 보호하는 법률로서 근로자의 기본적 생활을 보장하고 향상한다. 그렇다면 노동을 제공하는 사람들은 대부분 근로자로서 노동법의 보호를 받는데 왜 가장 노동집약적 산업인 예술산업에서 노동을 제공하는 예술인은 별도로 법률에 따른 보호를 받아야 할까? 그 이유는 간단하다. 예술인은 노동을 제공하지만, 법적으로 근로자가 아니며, 대부분의 노동법은 근로자에게만 적용되기 때문이다.[8]

노동 관련 법률에 따라 근로자가 보호받는 내용을 몇 가지만 간단히 살펴보면 다음과 같다. 첫 번째는 회사는 근로자를 산재보험에 가입해주어야 하는 의무가 있다. 따라서 일을 하다가 다치면 산업재해보상보험법에 따라 보호를 받을 수 있으며 심지어 산재보험료도 회사가 대신 내준다. 두 번째는 근로자는 최저시급법의 적용을 받으므로 최저시급법을 위반하여 근로계약을 체결하였다면 그 계약은 최저시급으로 계약을 체결한 것으로 본다. 세 번째는 회사는 1년 이상 근무한 근로자에게 퇴직금을 지급할 의무가 있다. 네 번째는 회사는 근로자를 고용보험에 가입해주어야 하는 의무가 있으므로 고용보험법에 따라 근로자는 각종 교육을 받을 수 있으며 자발적으로 퇴사한 경우

---

8   노동자와 근로자라는 표현은 법률에서 혼용되어 사용되기도 한다. 그러나 이 책에서는 노동자가 더 광범위한 표현이고, 근로자는 근로기준법에서 규정하는 근로자만을 의미한다.

를 제외하고 회사를 그만두면 실업급여를 받을 수 있다. 고용보험료
는 근로자와 회사가 나누어 부담한다. 다섯 번째는 근로기준법에 따
라 회사는 근로자를 쉽게 해고할 수 없다. 따라서 근로자는 생활의
안정을 보장받을 수 있다.

노동법을 적용받는 근로자를 보호하는 제도는 위에서 살펴본 내용
보다 더 광범위하지만, 예술인 대부분은 근로자에 해당하지 않으므
로 이러한 노동법에 따른 보호제도를 온전히 적용받지 못한다. 예술
인은 회사에 소속되지 않고 독립적으로 자유롭게 계약하며 이에 따
른 책임과 의무가 본인에게 귀속되기 때문이다. 저자가 일했던 공연
장에 가면 많은 사람이 무대에서 일한다. 일하는 사람 중에서는 적지
만 근로자에 해당하는 사람이 있었고, 대부분은 근로자가 아닌 프리
랜서 또는 사업자인 예술인이었다. 그러나 만약 당신이 무대에서 일
하는 사람들의 겉모습을 보았을 때 근로자에 해당하는 사람을 콕 집
어낼 수 있을까? 근로자에 해당하든 해당하지 않든 그들이 일하는
외형은 거의 비슷하므로 아마도 집어낼 수 없을 것이다. 문제는 여기
에서 발생하며, 예술인을 위한 법률이 필요한 이유도 여기에 있다.

한 가지 예를 들어보자. 위험한 무대에서 하는 일은 비슷하지만, 무
대에서 일하던 중 누군가가 크게 다쳤다고 하면, 그때 그 다친 사람
이 근로자인 것과 근로자가 아닌 것에는 하늘과 땅만큼의 결과 차이
가 발생한다. 다친 사람이 근로자였다면 치료비를 전액 보장받으며,

치료받아 근로를 제공하지 못하는 기간에 별도의 급여를 받을 수 있다. 또한 장애가 발생하여 일하지 못하게 되더라도 연금 형태의 급여를 평생 받는다. 그러나 만약 다친 사람이 근로자가 아니었다면 어떻게 될까? 얼마나 크게 다치던지 그냥 다치고 마는 것이다.

흔히들 말한다. 국민화가 박수근도 백내장 때문에 한쪽 눈이 실명 위기에 처했지만, 수술비가 없어 평생 그렇게 살았노라고. 이중섭도 영양실조로 사망할 정도였고, 세계적인 거장 반 고흐마저 생존 당시에는 그림이 거의 팔리지 않아 평생을 동생의 도움으로 근근이 살았노라고.[9] 비록 예술시장이 커지고, 예술을 향유하려는 사람이 많아짐에 따라 과거보다는 예술가의 창작환경이 개선된 것은 확실해 보이지만, 그때로부터 시간이 많이 지난 후에도 예술인은 기존 우리나라 제도 내에서 경제적으로 또는 법적으로 보호받을 수 없다는 문제점은 여전히 존재하고 있다.

서울 평화시장의 재단사이자 노동운동가였던 故전태일 열사의 분신 이후 지속적으로 발전하고 개선되어온 근로기준법 등 노동법을 적용받는 근로자와는 달리 예술인은 법적으로 근로자가 아니므로 높은 수준의 노동법을 적용받지 못하는 것이 가장 큰 원인이다. 그러나 이는 2011년 故최고은 작가의 사망 이후 예술인의 복지가 사회적 관심거리가 되었고, 이후 입법을 통해 예술인의 복지향상과 안정적인 예술활동 보장을 위한 법률이 만들어졌다. 이 법률은 이른바 최고은법

9   이범헌, 『예술인 복지에서 삶의 향유로』, 도서출판 밈, 2020, p.153

이라고 불리는 예술인복지법이다.

예술인복지법은 예술인의 직업적 지위와 권리를 법으로 보호하고 예술인 복지지원을 통하여 예술인의 창작활동을 증진하고 예술발전에 이바지하는 것을 목적으로 하는 법률이다. 즉, 예술인 복지의 핵심은 절대 빈곤에 놓여 있는 예술인을 구휼하는 것뿐만이 아니라 예술인이라는 직업이 정상적인 경제활동의 한 분야로 자리 잡을 수 있는 사회·경제적 지위를 보장하는 것이다.[10] 예술인복지법의 본문을 보면 예술인의 직업 안정성과 예술활동의 보호 측면에서 그 수준을 근로자의 수준까지 올려놓기 위한 규정과 빈곤에 놓인 예술인을 위한 제도를 만들고 집행할 수 있도록 하는 규정 등이 제시되어 있다. 물론 오랜 역사와 전통의 노동법과 비교하여 크게 부족하지만, 세계 두 번째로 예술인 복지에 관한 법률이 제정된 것에는 큰 의미가 있다고 할 수 있다.

---

10   정다정, 「입법을 통한 예술인 복지정책의 개선방안 연구」, 성균관대학교 박사논문, 2016, p.46

예술의 경제적 효과
1. 공공재, 가치재
2. 정의 외부효과
3. 소득 재분배

+

보몰과 보웬의 연구에 따른
예술 산업의 적자 누적

노동법 등의 적용을
받지 못하는 예술인

예술 산업의 규모에서
경제적 지원의 필요성

예술인 개인의
법적인 지위 안정 요구

입법을 통한 개선
'문화예술진흥법'
'예술인복지법'
'예술인권리보장법'

예술인권리보장법

　예술인의 지위와 권리의 보장에 관한 법률(약칭: 예술인권리보장법)은 예술 창작과 표현의 자유를 보호하고 예술인의 노동과 복지 등 직업적 권리를 신장하며 예술인의 문화적·사회적·경제적·정치적 지위를 보장하고 성평등한 예술환경을 조성하여 예술활동에 이바지하는 것을 목적으로 하는 법률이다. 예술인권리보장법은 "예술가의 권리는 법률로써 보호한다."라는 헌법 규정을 실질적으로 구현한 것으로, 그동안 예술 관련 법령이 예술 분야별 지원체계 마련에 집중하거나 예술가의 권리를 부분적으로 다룬 것과는 달리 예술인의 권리보장을 포괄적이고 구체적으로 규정하였다.

　법률의 주요 내용을 살펴보면 제7조부터 제9조까지는 예술 표현의 자유 보장에 관하여, 제10조부터 제15조까지는 예술인의 직업적 권리의 보호와 증진에 관하여, 제16조부터 제19조까지는 성평등한 예술환경 조성에 관하여 규정하고 있다. 결국 예술인권리보장법의 내용은 예술인의 표현의 자유 보장, 직업적 권리의 보호와 증진, 성평등한 예술 환경 조성이라는 세 가지 축으로 구성되어 있다. 이 세 가지 축은 '블랙리스트'와 '미투'라는 문화예술계의 가장 아팠던 과거를 더 이상 반복하지 않겠다는 것과 미래를 향해 예술인의 지위를 향상시키겠다

는 직업적 권리의 증진을 말한다.[11]

일부에서는 이 법률의 실효성을 의심하기도 한다. 실제로 불공정행위의 금지 규정 등 예술인복지법과 겹치는 부분도 있으며, 성평등한 예술 환경 조성과 관련해서는 굳이 이 법이 아니더라도 형법에서 이를 처벌할 수 있기 때문이다. 그럼에도 예술인권리보장법이 헌법에 규정된 예술가의 권리를 구체화하였고, 입법 과정에서 많은 예술인이 직접 주도하였다는 점에서 앞으로 발전 가능성과 실효성을 볼 때 예술인에게 충분히 도움이 될 수 있는 법률이 될 수 있다고 생각한다.

또한 이 법률에서 가장 흥미롭게 본 부분은 예술인의 직업적 권리의 보호와 증진에 관하여 조합의 형태를 언급했다는 것이다. 해당 법률 제14조 제1항에서 특정 예술활동에 관하여 특정 예술사업자 또는 예술지원기관과 계약을 체결하거나 계약체결을 준비 중인 2명 이상의 예술인은 자신의 권리를 보호하기 위하여 예술단체를 결성할 수 있고, 이 경우 문화체육관광부 장관에게 신고하여야 한다고 규정하고 있다.

세계 최대 공연예술 시장인 미국 브로드웨이에서는 수많은 예술가가 모여 작품을 창작하고 공연한다. 브로드웨이의 예술가는 분

---

11 "예술인 권리보장법 제정의 의의와 앞으로의 과제", 〈예술인〉, 2021.10., 〈http://news.kawf.kr/?searchVol=53&subPage=02&idx=706&searchCate=03〉(접속일:2022.08.05.)

야별로 조합을 구성하여 활동하는데, 배우 조합 AEA(Actor's Equity Association), 연출가와 안무가 조합 SDC(Stage Directors and Choreographers Society), 무대 스태프 조합 Local 1, 지휘자와 오케스트라 조합 Local 802 등이 대표적이다. 이들은 공연 프로듀서와 공연장 소유주의 협회인 더 브로드웨이 리그(The Broadway League)와 계약 내용을 조합 차원에서 협의하여 브로드웨이 공연 예술가들의 권리를 보호하고 있다.

　브로드웨이 조합은 1913년 임금을 제대로 받지 못한 배우 112명이 모여 배우 조합을 만든 것을 시작으로 현재까지 브로드웨이 공연 배우의 권익을 대변하고 있다. 그들은 적극적으로 권익보호를 위한 조치를 취하곤 하는데, 실제로 브로드웨이에서는 예술가 조합의 파업으로 브로드웨이 공연장 전체가 멈췄던 사례도 있다. 2007년 무대 스태프 조합과 더 브로드웨이 리그의 마찰로 발생한 19일간의 파업은 공연 관계자들에게 많은 것을 시사해주었다. 그때 타결이 결렬된 주요 원인은 불필요한 인력과 비용을 감축을 원하는 공연장 소유주와 조합원의 고용여건을 확보하기 위한 노동조합의 의견이 대립했기 때문이다.[12] 조합이 원하는 예술가의 권익과 프로듀서 그리고 공연장 소유주가 원하는 수익성, 효율성 등을 고려할 때 어느 것이 더 옳을지는 함부로 판단할 수 없지만, 확실한 것은 한 작품에 소요되는 인력의 규모를 감안할 때 노동조합이 없는 브로드웨이는 지금만큼 원활하고 체계적으로 움직일 수 없을 것이라고 어렵지 않게 짐작할 수 있

12　지혜원, 『브로드웨이 브로드웨이』, 도서출판 숲, 2015, p.92

다.[13]

물론 예술인권리보장법에 규정된 조합과 관련된 조항이 브로드웨이의 예술인 조합과 완전히 같은 성격은 아닐 수 있다. 그러나 예술인의 권익보호라는 같은 목적이 있는 것은 확실하므로 공연산업에서 장기간 몸담았던 저자 그리고 예술활동을 하는 대한민국 예술인은 해당 조합과 관련된 규정과 더불어 예술인권리보장법이 공연예술뿐 아니라 문화예술계에 어떤 영향을 미칠지 흥미롭게 지켜볼 수 있을 것이다.

13 지혜원, 『브로드웨이 브로드웨이』, 도서출판 숲, 2015, p.94

03
/
법적으로
예술인이
되는 방법[14]

한국예술인복지재단
예술활동증명
예술인 복지사업

자신의 예술활동을 증명하는 것일 뿐, 법적으로 예술인이 된다는 표현은 정확한 표현은 아니다.
단지, 이해를 돕기 위한 표현이다.

한국예술인복지재단

　한국예술인복지재단은 예술인의 복지에 대한 체계적이고 종합적인 지원을 함으로써 예술인들의 창작활동을 증진하고 예술발전에 기여함을 목적으로 예술인복지법에 따라 2012년도에 설립된 재단법인이다. 즉, 한국예술인복지재단의 설립 근거는 예술인복지법에 규정되어 있다는 의미이다. 재단법인은 일정한 목적에 바친 재산을 개인 소유로 하지 않고 독립된 것으로 운영하기 위하여 법률적으로 구성된 법인으로, 비영리법인만 인정된다고 정의한다. 일반적인 재단법인의 설립 근거는 민법에서 찾을 수 있으나 한국예술인복지재단의 설립 근거는 예술인복지법에 규정되어 있으며, 예술인복지법에서 규정한 것 외에는 민법 중 재단법인에 관한 규정을 따른다.

　민법에 따르면 재단법인은 재산을 출연받아야 한다. 그리고 예술인복지법에 따르면 국가는 재단의 사업과 운영에 필요한 경비를 예산의 범위 내에서 출연 또는 보조할 수 있다. 정리하면 한국예술인복지재단은 재단법인의 외형을 지니고 있지만, 보통의 재단법인과는 달리 실질적으로 국가의 예산으로 재산을 출연, 보조받아 법률에 규정된 예술인의 복지사업을 수행하는 재단법인이다. 서울 종로구 대학로에 있는 한국예술인복지재단은 예술인복지법에 따라 예술인 복지를 위한 여러 사업을 수행하고 있다. 대표적으로 예술인 패스 사업, 예술인 파견지원사업, 예술인 산재보험 가입대행 및 보험료 지원사업, 사회보험료 지원사업, 생활안정자금 융자사업, 의료비 지원사업이 있다. 또한, 홈페이지를 통해 표준계약서를 보급하고, 법률 상담 및 컨설팅을 지원하며 예술인 권익보호를 위한 교육을 진행하고 있다.

그러나 모든 예술인이 자신이 예술활동을 한다고 하여 소개한 한국예술인복지재단의 예술인 복지를 위한 모든 사업 또는 지원을 적용받을 수 있는 것은 아니다. 한국예술인복지재단의 모든 사업 또는 지원 대상이 위하여는 가장 선행되어야 하는 것이 있는데 그것은 바로 자신의 예술활동을 증명하는 것이다.

　　예술활동증명이란 예술인 복지사업 참여를 위한 기본 절차로, 예술인복지법상 예술을 업으로 하여 예술활동을 하고 있음을 확인하는 제도이다. 실질적으로 예술활동을 하고 있더라도 증명 절차를 거쳐야 국가 예산이 투입되는 예술인 복지사업의 혜택을 받을 수 있고, 만약 증명 절차를 거치지 않는다면 예술활동을 하고 있더라도 예술인 복지사업의 혜택을 받을 수 없다. 물론 증명 절차만 거치면 예술을 업으로 하고 있지 않더라도 예술활동증명이 될 수 있다는 제도의 허점도 있다. 사실 사업 초기와 비교하면 예술활동증명 기준이 많이 완화되었지만, 예술활동증명의 기준을 더 낮춘다면 직업 예술인의 관점에서 소위 예술인으로 인정하기 어려운 사람들도 예술인의 범주에 들어올 수 있다. 이들이 수혜를 받게 되면 정작 필요한 예술인에게 돌아갈 혜택은 줄어들 수밖에 없다.[15] 따라서 저자도 현재 예술활동증명은 분명 보완되고 개선해야 할 필요성이 있어 보인다고 조심스럽게 생각하고 있다.

　　예술활동증명 절차에 관한 이슈는 별개로 하고 지금부터는 실제로

15　박계배, 「한국예술인복지재단 정책사업 참여자들의 참여동기가 이미지, 참여만족, 행동의도에 미치는 영향」, 상명대학교 박사논문, 2016, p.138

예술활동증명을 어떻게 해야 하는지를 알아보겠다. 예술활동을 증명하기 위해서는 문화예술진흥법에 따른 문화예술 분야에서 창작, 실연, 기술지원 및 기획의 예술활동을 하여야 한다. 문화예술진흥법에 따른 문화예술 분야란 문학, 미술(**일반, 디자인, 전통미술**), 사진, 건축, 무용, 음악(**일반, 대중음악**), 국악, 연극, 영화, 연예(**방송, 공연**), 만화를 말한다. 저자는 과거 연극, 뮤지컬의 스태프로 일했으므로 예술 분야는 연극 분야로 하고 예술활동 유형은 기술지원 및 기획으로 하여 예술활동을 증명할 수 있었다. 예술활동을 증명할 수 있는 예술 분야와 예술활동 유형에 해당한다면 다음의 신청 절차에 따라 예술활동증명을 할 수 있다.

단계 1. 예술활동증명방법 확인 및 자료준비[16]
단계 2. 신청 및 접수 확인[17]
단계 3. 행정심의
단계 4. 심의위원회 검토
단계 5. 결과 확인

　신청 절차는 다섯 단계로 안내되어 있지만, 실질적으로 예술활동을 증명하려는 자는 '단계 2. 신청 및 접수 확인'까지만 하면 된다. 나머

16　공개 발표된 예술활동, 예술활동 수입을 증명을 위한 자료로 사용할 수 있다. 그러나 공개 발표된 예술활동 및 예술활동 수입이 없는 경우 지금까지의 예술활동을 기재하는 방법을 사용할 수 있다.

17　예술인 경력정보시스템(www.kawfartist.kr)에서 신청할 수 있다.

지 절차는 심의 및 결과 통지이므로 한국예술인복지재단에서 진행하는 단계이다. 신청 및 접수 확인 단계를 마치면 1개월 이내에 예술활동증명이 완료되었는지를 문자 또는 이메일로 알려준다.

한국예술인복지재단에서는 어떤 복지사업을 하고 있는지를 간단히 설명하려고 한다. 예술활동증명이 끝난 예술인은 자신에게 적합한 복지사업을 신청하면 혜택을 받을 수 있다. 일부 사업은 예술활동증명을 하지 않더라도 지원받을 수 있다.

1. 예술인 패스

예술인 패스 카드 발급받고 신분증을 함께 제시하면 전국 문화예술기관 관람료 및 생활 공간 속 할인 혜택을 제공한다.

2. 창작준비금 지원

예술인들이 경제적인 이유로 창작활동을 중단하지 않도록, 예술활동 소득이 낮은 예술인들을 실질적으로 지원하는 사업이다.

3. 예술인 파견사업

예술인 파견사업은 예술인의 사회적 가치 확장을 위해 다양한 예술 직무영역을 개발하고, 사회(기업/기관 등)와 협업을 기반한 직무를 제공함으로써 적극적 예술인 복지를 실현하고자 진행하는 사업이다.

4. 예술인 산재보험

직업 예술활동 중 크고 작은 사고에 무방비하게 놓여 있는 프리랜서 예술인을 보호하는 사회보험 제도이다. 보험가입 사무대행 및 납부보험료의 50~90% 환급 지원한다.

5. 예술인 사회보험료 지원

표준계약서를 활용하여 계약을 체결하고 활동하는 예술인 및 문화예술단체(사업자)가 부담하는 사회보험료의 50%를 지원한다.

6. 예술인 생활안정자금(융자)

예술인의 창작환경개선과 생활기반 마련에 도움을 줄 수 있는 금융지원 제도이다. 생활안정자금과 전세자금을 대출할 수 있다.

7. 예술인 의료비 지원

의료비 부담으로 경제적인 어려움을 겪는 예술인에게 의료비를 지원한다.

8. 표준계약서 보급

분야별 예술인 표준계약서 양식을 내려받을 수 있다.

9. 예술인 자녀돌봄 지원

예술인의 육아 부담 완화를 통해 안정적인 예술활동을 지원한다.

평일 저녁, 주말 동안에도 안심하고 창작활동에 전념할 수 있도록, 예술인 자녀를 위한 시간제 돌봄시설을 운영한다.

10. 상담·컨설팅

계약 및 저작권에 어려운 점이 있거나, 문화예술 분야의 법률, 노무 등에 대하여 모르는 것이 있다면, 한국예술인복지재단 상담·컨설팅 서비스를 신청할 수 있다. 각 분야 전문가의 상담을 받을 수 있다.

11. 예술인 심리상담

예술창작활동 과정에서 심리적·정신적 스트레스를 겪고 있는 예술인의 고충해소를 통해 창작의욕과 심리적 건강을 도모한다.

12. 예술인 신문고

예술활동과 관련한 불공정행위 관련 고충 처리에 대한 종합지원시스템을 구축하여 예술계 불공정 관행 개선을 지원하고, 예술인 권익 신장에 이바지한다.

13. 성폭력 피해 신고상담 지원

성폭력 피해로 고충을 겪고 있는 예술인을 보호·지원한다. 성폭력 피해로 인한 어려움을 함께 극복해 나갈 수 있도록 한국예술인복지재단에 상담을 신청할 수 있다.

14. 예술인 권익보호 교육

예술인 스스로가 자신의 권리를 지킬 수 있으려면 예술인을 둘러싼 예술환경과 법, 제도 등에 대해 알아야 한다. 한국예술인복지재단은 예술계의 공정환경 조성을 위해 예술인 권익보호 교육을 실시하고 있다.

15. 예술인 고용보험 안내

예술인 고용보험 관련 업무는 한국예술인복지재단 내에서 직접 수행하지 않고 근로복지공단에서 수행한다. 다만, 한국예술인복지재단을 통해 예술인 고용보험과 관련된 정보를 얻고, 상담을 요청할 수 있으며, 예술인 고용보험 신고대행 전문 협력기관을 안내받을 수 있다.

여기에 자신이 원하는 복지사업 또는 지원내용이 있다면 한국예술인복지재단 홈페이지에서 신청하면 된다. 이 책에서는 예술인 산재보험, 예술인 고용보험에 관하여 자세히 소개하고 설명하며, 예술인에게 발생할 수 있는 법률 내용 중 계약, 저작권, 노무에 관한 내용도 함께 다룬다.

04

자유로운
창기병

자유 용병
프리랜서의 요건
예술가의 직업 안정성에 대하여

자유 용병

　과거 유럽에서는 어떠한 영주에게도 소속되지 않고, 자유롭게 계약하여 전쟁을 치르는 용병이 있었다. 그런 용병은 명예나 충성심은 중요하지 않았으며, 오직 보수를 쫓아 싸울 뿐이었다. 당시 보통의 자유 용병은 말을 타며 창으로 전투를 하였는데, 그 모습을 본 사람들은 그들을 자유로운 창기병 즉, 프리랜서[18]라고 불렀다. 현재 프리랜서는 회사 또는 단체 등에 소속되지 않으며, 자유롭게 본인의 선택에 따라 계약하여 일하는 사람을 의미한다. 물론 삶의 균형을 중요시하는 현재는 과거 프리랜서처럼 보수만을 쫓지는 않을 것이다. 결론적으로 현재의 프리랜서는 어디에도 소속되지 않는 종속성[19]이 없는 것이 가장 큰 특징이라고 할 수 있다.

　문화체육관광부는 예술인의 권익보호와 복지정책의 수립 및 시행에 필요한 기초자료로 활용하기 위하여 예술인의 복지 및 창작환경에 대하여 3년마다 예술인 실태조사를 하고 있다. 문화체육관광부에서 제공하는 2021년 예술인 실태조사에 따르면 예술인 중 프리랜서의 비율은 전업 예술인의 경우 78.2%, 겸업 예술인의 경우 72.2%인

18　영어로는 freelance라고 표시하지만, 한국에서는 보통 freelancer로 불린다.
19　프리랜서와 근로자를 구분하는 가장 큰 기준

것으로 조사되었다. 이 비율은 프리랜서가 아닌 정규직 근로자로 예술활동을 하는 국가 및 지방자치단체 소속 예술인을 포함한 수치이므로 민간에서 예술활동을 하는 예술인의 프리랜서 비율은 더 높을 수밖에 없다. 이렇게 높은 프리랜서 비율은 다른 업계에서는 흔히 볼 수 없으며, 창의적인 활동이 중요하고, 회사 또는 단체에 구속되어 간섭받지 않는 것이 중요한 예술 관련 업계에서는 자주 볼 수 있는 큰 특징이다. 이렇듯 프리랜서라는 직업적 모습은 예술 관련 업계에서 매우 중요한 인적용역 제공의 방식이라고 할 수 있다.

종속성이 없으므로 회사 또는 단체 등에 소속되지 않는 것과 자유롭게 계약하여 일한다는 프리랜서의 큰 두 가지 특징 이외에 프리랜서의 대표적인 특징 몇 가지를 살펴보겠다. 프리랜서는 대가를 받을 때 그 대가 금액의 3.3%를 원천징수하고 받으며, 국민연금보험료와 건강보험료를 고지서를 받아 납부한다. 또한 프리랜서는 부가가치세 납부의무가 없고, 마지막으로 대부분의 노동 관련 법률을 적용받지 않는다. 이 밖에 더 많은 특징이 있겠지만 위 특징이 자신에게 적용되고 있다면 자신은 프리랜서의 지위에서 예술활동을 하고 있다고 판단하면 된다.[20]

여기에서 프리랜서의 대표적 특징 중 갑자기 부가가치세 납부의무

---

20 비록 형식(겉모습)이 프리랜서라 하더라도 실질에 따라 종속성이 있다면 프리랜서가 아닌 것으로 판단될 수 있다.

여부를 언급하였다. 부가가치세 납부의무는 재화를 공급하거나 용역을 공급할 때 발생하는데 예술활동을 하는 것은 일반적으로 용역을 공급한다는 의미[21]이다. 따라서 예술활동을 하고 대가를 받는다면 그 예술인은 원칙에 따라 부가가치세 납부의무가 발생한다. 그러나 프리랜서의 지위를 가지고 예술활동을 한다면 부가가치세 과세 대상인 용역의 공급에 해당함에도 불구하고 예외적으로 부가가치세와 관련된 의무를 면제하게 된다. 부가가치세 의무를 면제하는 것은 누구나 적용되는 것은 아니고, 프리랜서에게만 적용되는 것이므로 부가가치세법에서는 프리랜서의 지위를 유지할 수 있는 요건에 관해 규정하고 있다. 현재 프리랜서 그 누구도 정말 쉽게 예상할 수 없었을 것이다. 프리랜서의 지위를 유지하는 데 요건이 있다는 것 자체도 놀라운데, 그 프리랜서의 요건을 갑자기 부가가치세법에서 규정하고 있다는 것도 말이다.

---

21 예술작품 창작하여 판매하는 경우 등 재화의 공급에 해당할 수도 있다. 그러나 재화를 공급하든 용역을 공급하든 모두 부가가치세 과세대상에 해당하므로 부가가치세 납부의무가 있다.

프리랜서의 요건

부가가치세법은 저술가 등이 직업상 제공하는 인적용역으로서 면세하는 것의 범위를 규정하고 있다. 면세가 된다는 의미는 부가가치세와 관련된 각종 의무를 면제한다는 것인데, 면세요건은 개인이 물적 시설 없이 근로자를 고용하지 않고 독립된 자격으로 일정한 인적용역을 공급하고 대가를 받는 것이다. 여기에서 일정한 인적용역은 예술 활동을 하는 것을 포함하며, 저술, 서화, 조각, 작곡, 음악, 무용, 만화, 배우 등 이와 유사한 용역 그리고 저작자가 저작권에 의하여 사용료를 받는 용역 등으로서 부가가치세법에 명확히 열거되어 있다. 따라서 예술인은 개인이 물적 시설 없이 근로자를 고용하지 않고 독립된 자격에 해당하면 면세가 되며 프리랜서의 지위를 유지할 수 있다. 이 요건을 정리하면 다음과 같다.

1. 개인이어야 한다.
2. 물적 시설이 없어야 한다.
3. 근로자를 고용하지 않아야 한다.
4. 독립된 자격으로 용역을 공급해야 한다.

위 네 가지가 프리랜서의 지위를 유지할 수 있는 요건이다. 여기에서 첫 번째 요건은 프리랜서는 반드시 개인이어야 하므로 법인은 프리랜서가 될 수 없다는 의미이다. 두 번째 요건은 물적 시설이 없어야 한다는 것인데 대표적인 물적 시설은 사무실, 작업실 등이 있다. 이러한 물적 시설은 구매하는 것은 물론이고 임차한 것도 포함한다. 세 번째 요건의 근로자란 자신의 예술활동을 대신하는 사람을 의미한다. 예를 들어 배우의 운전기사, 매니저 등은 배우의 예술활동을 대신하는 사람이 아니므로 이들을 고용하더라도 프리랜서의 지위를 유지할 수 있지만, 웹툰 작가가 보조자에게 자신의 웹툰을 대신 그리게 한다면 이는 자신의 예술활동을 대신해주는 사람을 고용한 것이므로 프리랜서의 지위를 유지할 수 없다. 마지막 요건은 독립된 자격이 있어야 한다는 것인데 독립된 자격이 없이 누군가에게 종속되어 용역을 제공하면 이는 근로자에 해당하므로 프리랜서가 될 수 없다는 내용이다.

이처럼 프리랜서의 요건을 갖추어 예술활동을 하는 예술인이 요건 중 하나라도 충족하지 못한다면 어떻게 해야 할까? 바로 사업자등록을 하여 사업자가 되어야 한다. 사업자등록을 한다는 것은 세금계산서를 발급하고, 부가가치세를 납부하는 등 부가가치세법에 따른 각종 의무를 이행하여야 함을 의미한다. 따라서 더는 면세의 적용을 받을 수 없다.

그렇다면 예술활동을 하는 프리랜서 예술인 또는 사업자등록을 한 사업자 예술인은 이러한 요건을 모두 알고 있어서 현재 그 지위를 유지하고 있는 것일까? 또는 프리랜서 예술인이 위 네 가지 요건을 모두 이해하여 사업자등록의 시기를 정하는 것일까? 아마도 대부분 그렇지 않을 것이다. 보통 프리랜서 예술인은 예술활동의 범위 또는 규모가 커지게 되면 주변으로부터 사업자등록을 강제 받게 된다. 예를 들어 프리랜서 예술인이 규모 있는 예술활동 프로젝트를 진행한다면 대가를 지급하는 자가 세금계산서의 발급을 요구할 수 있으므로 사업자등록을 해야 하는 상황에 놓이게 된다. 또한, 예술활동이 많아져서 자기 일을 대신할 근로자를 고용하는 경우 근로기준법에 따라 사회보험에 가입해주어야 하는데 이때 등록번호가 있어야 하므로 사업자등록을 할 수밖에 없게 된다. 세금계산서 발행이나 근로자고용 이외에도 다양한 이유로 프리랜서인 예술인은 사업자등록을 하여 사업자가 되는 시기를 주변으로부터 강제 받음으로써 프리랜서의 지위를 벗어나게 된다.

예술인의 직업 안정성에 대하여

   2021년 예술인 실태조사에 따르면 2020년 1년간 예술인의 예술활동 개인 수입은 평균 695만 원이다.[22] 수입금액별 비율은 없음이 43.0%로 가장 높았고, 5백만 원 미만이 30.0%, 5백만 원 이상 1천만 원 미만이 8.9%, 1천만 원 이상 2천만 원 미만이 8.1% 순이었다. 이는 예술활동으로 인한 수입이 2천만 원이 넘지 않는 예술인이 90%, 대부분이라는 의미이다. 이 책을 읽는 당신은 아마도 2020년 예술인의 평균 수입금액이 695만 원이라는 것에 한 번 놀랐을 것이고, 수입금액별 비율은 수입이 없음이 43.0%로 가장 높았다는 것에 다시 한 번 놀랐을 것이다. 이것이 우리 예술계의 현실이다.

   예술활동으로 인한 소득은 낮을 뿐 아니라 매우 불규칙하다. 배우나 무용가 등 공연이라는 예술활동을 하는 예술인은 공연이 있을 때는 수입이 발생하지만, 공연이 없을 때는 수입이 전혀 발생하지 않는다. 이는 종속성이 없는 프리랜서의 가장 큰 단점이다. 종속성이 있는 근로자는 회사에 일이 있든 없든 매월 월급을 받을 수 있다. 물론 회사에 일이 넘쳐나서 정신이 없을 때도 초과근무에 따른 수당 정

---

22 2020년 예술인의 소득은 코로나19 영향으로 많이 줄어들었다. 그러나 2018년 예술인 실태조사에 따른 2017년 예술인의 소득도 1,281만 원에 불과하다.

도를 받을 뿐 자신이 일을 처리한 만큼의 수입이 따르는 것은 아니지만 말이다. 프리랜서 또는 사업자의 지위에서 예술활동을 하는 대다수 예술인은 이러한 이유로 예술을 전업으로 삼지 않고 생계를 위하여 다른 일을 함께하는 겸업 예술인을 선택하기도 한다.[23] 이처럼 예술인의 직업 안정성이 매우 낮은 이유는 예술 관련 업계의 특성도 있지만, 예술과 관련된 대한민국 제도의 부재도 큰 몫을 차지한다.

프랑스는 예술이 가장 발전한 나라이다. 예술이 발전하기 위해서는 결국 그 예술을 만들어내는 예술인이 안정적인 직업으로서 예술활동을 지속적으로 할 수 있어야 하는데 프랑스의 예술인은 국가의 보호 아래 안정적인 예술활동을 하고 있으므로 프랑스는 문화예술의 강국이 될 수 있었다. 프랑스의 경우 예술인을 근로자 일반사회보장제도에 적용하며, 특히 비정규직 예술인의 경제적 보장과 직업안정을 예술인 복지정책의 목적으로 하고 있다. 정부에서는 앵떼르미땅 (Intermittent du specracle)[24]을 통해, 비정부 기관으로는 작가사회보장제도 (AGESSA)와 예술인의 집(MDA)을 통해 예술인 복지에 관여하고 있다.[25]

이렇게 프랑스에서 예술가들이 혜택을 누릴 수 있는 것은 프랑스

---

23 2021년 예술인 실태조사에 따른 전업 예술인 비율은 55.1%에 불과했다.

24 프랑스의 예술인 복지를 대표하는 제도. 불규칙한 예술활동에 따른 수입을 보완하고, 예술활동의 지속적인 유지를 위하여 예술활동을 하여 수입이 발생할 때 국가에 보험금을 내고, 예술활동을 하지 않을 때 정부에서 실업급여를 주는 제도이다. 우리나라 근로자에게 적용되는 고용보험제도와 유사하다.

25 한국예술인복지재단 연구자료, 「예술인복지금고 재원조성 방안연구」, 한국예술인복지재단, 2017, p.44

정부가 그리고 사회가 예술가의 노동 가치를 알아주고 이에 따른 직업인으로서 사회적 지위를 인정해주었기 때문이다. 또한, 예술가들 스스로도 예술작업은 공공서비스이고 일정 부분 사회에 대한 봉사라고 생각하고 있기 때문에 자부심이 강하고 당당하다. 그래서 예술의 공적 가치에 대해 권리를 주장할 수 있다.[26]

이제 우리나라 예술인의 직업 안정성에 대하여 논해보자. 어느 한 업종의 직업 안정성에 대해 논할 때 빠지지 않는 제도는 고용보험제도이다. 그 업종에서 일하는 사람 대부분이 고용보험제도의 적용을 받고 있다면, 적용을 받고 있지 않은 업종과 비교하여 상대적으로 직업 안정성이 높다는 것을 의미한다. 고용보험법은 고용보험의 시행을 통하여 실업을 예방, 고용의 촉진 및 근로자 직업 능력의 개발과 향상을 꾀하고, 국가의 직업지도와 직업소개 기능을 강화하며, 근로자가 실업한 경우 생활에 필요한 급여를 시행하여 근로자의 생활안정과 구직활동을 촉진하는 것을 목적으로 하는 법률이다. 고용보험법의 목적을 자세히 보면 결국 적용대상은 근로기준법에 따른 근로자이다. 근로자의 비율이 낮고 프리랜서의 비율이 높은 예술산업은 높은 비율로 고용보험의 적용을 받지 못하므로 우리나라 예술인은 안정적인 직업이 아니라는 결론을 매우 쉽게 내릴 수 있다.

다만, 2020년 12월 10일 개정된 고용보험법의 시행으로 프리랜서

26 이범헌, 『예술인 복지에서 삶의 향유로』, 도서출판 밈, 2020, p.153

예술인이 고용보험에 가입할 수 있는 제도가 만들어졌다.[27] 근로계약을 체결하는 사용자가 근로자에게 고용보험을 의무적으로 가입해주는 것처럼, 예술인과 일정한 계약을 체결하는 경우 사업주가 예술인에게 의무적으로 예술인 고용보험에 가입해주어야 하는 제도이다. 제도가 시행된 지 얼마 되지 않았기 때문에 실무에서는 아직 예술인 고용보험에 대한 인식이 낮은 것이 현실이다. 예술인 고용안정을 위하여 사업주는 예술인에게 고용보험에 가입해주며, 정부도 홍보 및 교육 프로그램을 제공하는 등 모두의 관심이 필요하다.

27 이 책 제12장 「예술인 고용보험」 참고

05

노동을
제공하는
예술인 이야기

노동을 제공하기로 하는 계약

예술 그 자체는 노동이 아니지만, 예술활동은 노동으로 볼 수 있다고 얘기한 바 있다. 예술산업은 예술인의 시간 투입이 필수적인 극도로 노동집약적인 산업이기 때문에 예술인은 예술활동을 하고, 대가를 받기로 하는 계약을 자주 하게 된다. 이러한 예술과 관련된 계약은 예술활동을 하는 것이 중요한지 또는 예술과 관련된 결과물을 제공하는 것이 중요한지에 따라 계약의 성격이 달라질 수 있다. 이번 장에서는 예술과 관련된 결과물을 제공하는 것이 중요한 것이 아닌 예술활동 그 자체를 하는 것이 중요한 계약에 집중하려고 한다. 참고로 예술활동 그 자체를 하는 것은 노동을 제공한다고 표현할 수도 있고, 민법에서는 노무를 제공한다고 표현하며, 소득세법에서는 인적용역을 제공한다고 표현한다. 또한 부가가치세법에서는 용역의 공급이라는 표현을 쓴다. 다만, 근로기준법 등 노동법에서 근로를 제공한다는 표현이 있는데 근로자가 아닌 예술인의 예술활동은 근로를 제공하는 것은 아니므로 주의하자.

예술활동 즉, 노동을 제공하고 대가를 받기로 하는 계약의 성격에 대하여 법적으로 조금 더 살펴보겠다. 민법의 계약법에서는 계약은 당사자의 의사표시 합치로 성립한다고 규정한다. 당사자 중 일방이 먼저 계약 내용에 대하여 청약의 의사표시를 하고, 다른 일방이 그 청약에 대하여 승낙의 의사표시를 하면 당사자의 의사표시가 합치되고 계약이 성립한다. 예술활동을 하면 대가를 주겠다는 청약을 예술인에게 하고, 청약을 받은 예술인이 그 청약을 승낙하면 두 사람 사이에 계약이 성립한다는 것이다. 계약은 계약 자유의 원칙에 따라 그 내용이나 상대방 그리고 형식을 자유롭게 선택할 수 있으나, 민법은 일상에서 자주 발생하는 계약 15종류에 대하여는 전형계약으로 특별히 규정하고 있다. 그 15종류의 전형계약 중에는 노동을 제공하고 대가를 받기로 하는 계약과 거의 유사한 성격의 계약이 있는데 이는 고용계약으로서 규정되어 있다.[28]

---

28 엄밀히 말하면 예술인이 예술활동인 노동을 제공하고 대가를 받기로 하는 모든 계약이 고용계약에 해당한다고 볼 수는 없다. 계약의 실질에 따라 민법의 15종의 전형계약 중 매매계약, 도급계약, 임대차계약 등이 될 수 있으며, 전형계약이 혼합된 계약이 될 수도 있다.

고용계약과 근로계약

민법의 계약법에서 말하는 고용계약이란 당사자 일방이 상대방에 대하여 노무를 제공할 것을 약정하고 상대방이 이에 대하여 보수를 지급할 것을 약정함으로써 효력이 생기는 계약이다. 따라서 고용계약은 당사자 일방의 노무 제공 그리고 상대방의 보수 지급이 필수 요소라고 볼 수 있다. 이러한 고용계약은 계약 자유의 원칙에 따라 노무의 내용과 보수를 합의할 수 있으며, 당사자는 평등한 위치에서 각자 합의한 내용의 채무를 이행하면 된다.[29]

그러나 경제학적인 측면에서 봤을 때 이런 고용계약은 당사자가 평등한 위치에서 체결되지 않는 상황이 발생한다. 보통 어떤 계약이든 대가를 지급하는 자의 위치가 상대적으로 우위에 있지만, 고용계약에서 노무를 제공하는 자는 1명의 개인이므로 위치의 상대적인 간격이 다른 계약과 비교하면 더 넓을 수밖에 없다. 결국 동등한 위치에서 계약이 체결되지 않는다면 상대적 약자인 노무 제공자에게 불리한 계약이 체결될 수 있다. 따라서 노무 제공자의 권리를 보호하기 위해서는 계약의 내용을 무조건 자유경제에 맡길 수 없고, 노동자를 보호

---

29 보수는 반드시 금전일 필요는 없으나 예술인복지법에서 예술인의 동의 없이 보수를 금전 외의 것으로 지급하는 것은 불공정행위로서 제한하고 있다.

하는 법률이 개입되어야 한다. 이를 노동법이라고 하며 근로기준법이 대표적이다.

근로기준법의 목적은 근로조건의 기준을 정함으로써 근로자의 기본적 생활을 보장, 향상시키며 균형 있는 국민경제의 발전을 꾀하는 데 있다. 근로기준법에서 정의하는 근로계약이란 근로자가 사용자에게 근로를 제공하고, 사용자는 이에 대하여 임금을 지급하는 것을 목적으로 체결된 계약을 말한다. 근로계약도 계약이므로 근로조건에 대하여는 근로자와 사용자의 의사 합치가 있어야 성립하는데, 근로기준법에서는 근로조건의 최저기준을 규정하고 있고, 그 최저기준에 미치지 못하는 근로조건을 정한 근로계약은 그 부분에 대하여는 무효로 하고 있다.

그렇다면 고용계약과 근로계약 두 계약을 비교해보자. 노무를 제공하기로 하고 대가를 받기로 하는 계약은 고용계약에 해당하지만, 근로계약은 반드시 근로를 제공하여야 적용될 수 있다. 따라서 저자는 근로의 형태가 노무의 제공만 있다는 가정하에 근로계약은 고용계약에 포함된다고 판단한다.[30] 즉, 모든 근로계약은 고용계약에 포함되지만, 모든 고용계약이 근로계약은 아니라는 것이다. 그렇다면 고용계약 내에서 근로계약을 구분하는 가장 결정적인 차이는 무엇일까? 조

---

30 법률 규정이나 법학적인 이론이 명확히 있는 것은 아니다. 단지 예술업계 실무에서 느낀 저자의 개인적인 의견이며, 노무제공이 주가 되는 예술활동을 하는 예술인의 이해를 돕는 내용에 불과하다.

금 더 나아가면 근로자인 노동자와 근로자가 아닌 노동자를 구분하는 기준은 무엇일까? 그 기준은 우리가 흔히 사용하는 단어는 아니지만, 바로 종속성이다.

종속성이란 자주성 없이 주가 되는 것에 딸려 붙는 성질을 의미한다. 예술인이 계약의 상대방과의 계약에서 종속성이 없이 동등한 위치에서 계약한다면 이는 고용계약을 하는 프리랜서에 해당하고, 예술인이 계약의 상대방과의 계약에서 종속성이 있는 상·하의 관계에서 계약한다면 이는 근로계약을 하는 근로자에 해당한다. 이러한 계약은 프리랜서로서 계약했더라도 계약의 실질에 따라 종속성이 있다면 해당 프리랜서는 근로계약을 맺은 근로자로 취급될 수 있다.

프리랜서와 근로자의 차이점

예술활동을 하는 예술인은 계약의 형식에도 불구하고 실질적인 종속성의 유무에 따라 프리랜서로 취급될 수도 있고 근로자로 취급될 수도 있다. 그러나 예술활동을 하는 것 자체가 중요한 계약을 하는 예술인은 겉모습만 보았을 때 프리랜서처럼 보일 수도 있고 근로자처럼 보일 수도 있다. 외형이 거의 비슷함에도 불구하고 프리랜서와 근로자는 노동법의 적용 여부가 달라지는데, 이 둘의 차이를 각각 법률에 따른 제도 내에서 몇 가지만 확인해보자.

1. 최저시급의 적용

최저시급법을 적용받는 자는 근로기준법에 따른 근로자를 의미한다. 따라서 근로자를 고용하는 사용자는 반드시 최저시급법에 따라 임금을 결정하여야 하지만 프리랜서는 최저시급법을 적용하지 않는다.

2. 국민연금보험 가입

사용자는 사업장가입자로서 근로자를 국민연금보험에 가입해 줘야하며, 납입하는 연금액의 절반을 사용자가 대신 부담하여야 한다. 그러나 프리랜서는 소득이 발생하면 국민연금보험에 지역가입자로서 가입하여야 하고, 납입하는 연금액 전액을 프리랜서가 모두 부담한다.

3. 건강보험 가입

사용자는 직장가입자로서 근로자를 건강보험에 반드시 가입해 줘야 하며, 납부하는 보험료의 절반을 사용자가 대신 부담하여야 한다. 그러나 프리랜서는 소득이 발생하면 건강보험에 지역가입자로서 가입하여야 하고, 납부하는 보험료의 전액을 프리랜서가 부담한다.

4. 고용보험 가입

사용자는 근로자를 반드시 고용보험에 가입해줘야 하며, 납부하는 보험료의 절반 이상을 사용자가 대신 부담하여야 한다. 고용보험에 가입한 근로자는 자발적 퇴사 외의 사유로 퇴직한 경우 실업급여를 받을 수 있으며, 각종 국비 지원교육을 받을 수 있지만, 프리랜서는 원칙적으로 고용보험에 가입할 수 없으므로 고용보험과 관련된 혜택을 받을 수 없다. 다만, 문화예술용역을 제공하는 일정한 계약을 체결한 경우에 사업주는 프리랜서인 예술인에게 예술인 고용보험을 가입해주어야 한다.

5. 산재보험 가입

사용자는 근로자를 반드시 산재보험에 가입해줘야 하며, 납부하는 보험료의 전액을 사용자가 대신 부담하여야 한다. 따라서 근로자는 산업재해 발생 시 각종 보험 급여를 받을 수 있다. 그러나 프리랜서는 산재보험 가입이 의무가 아니므로 가입하지 않아도 되지만, 예술인복지법에 따라 선택적으로 가입할 수 있다.

6. 퇴직금 수령

근로자퇴직급여보장법에 따라 계속근로기간이 1년 이상인 근로자는 사용자로부터 퇴직금을 받을 수 있다. 근로자퇴직급여보장법에 따른 근로자는 근로기준법상 근로자를 말하므로 프리랜서는 퇴직금 관련 규정을 적용하지 않는다.

7. 해고 제한

사용자는 근로자를 정당한 이유 없이 부당하게 해고하지 못한다. 그러나 프리랜서는 계약의 내용에 따라 계약이 해지될 수 있으며, 계약의 내용에 없는 사실관계는 법률에 따라 결정한다.

8. 그 밖의 노동 분야 법률의 적용

근로자는 근로기준법, 최저시급법, 근로자퇴직급여보장법 외 노동 분야 법률의 대부분을 적용받을 수 있다.

마음 아픈 이야기

공연장의 무대는 아름답고 화려하며 감동적인 공간이다. 그러나 동시에 위험한 공간이다. 무대 위는 수없이 많은 임시시설물로 가득 차 있고, 천장에는 수없이 많은 막, 소품, 장치가 매달려 있으며, 무대 바닥의 높낮이도 일정하지 않다. 심지어 공연 중에는 매우 어두워서 앞이 잘 보이지 않는다. 무대 위의 안전사고는 언제든지 발생할 수 있다는 것이고, 그러한 안전사고는 불시에 찾아온다. 그렇게 2012년 겨울, 아름답고 화려하며 감동적이었던 한 뮤지컬 무대는 매우 위험한 공간으로 변해있었고, 무대장치 일부가 한 스태프의 머리 위로 떨어졌다.

10미터 높이에 설치되었던 15킬로그램짜리 금속 덩어리[31]가 그의 머리 위로 떨어졌고, 그는 기적적으로 살아났지만, 전두엽 일부를 잃었다. 수술 후에 한 달이 지나서 눈을 떴으며, 휠체어에 앉는 데도 오랜 시간이 걸렸다. 그리고 한쪽 이마는 푹 꺼졌다. 그는 공연제작사와의 분쟁은 별개로 하고 근로복지공단에 요양급여를 신청하였으나 이마저도 근로복지공단에서는 공연제작사와 그의 계약관계가 프리랜서

---

31 상하로 움직이는 무대장치의 전환을 위하여 무대장치를 도르래에 연결하고, 도르래의 반대편에는 무대장치와 비슷한 무게의 중량 즉, 금속 덩어리를 매단다.

계약이라는 이유와 예술인복지법상의 예술인에 해당하지만, 산재보험에 가입하지 않았다는 이유로 승인하지 않았다. 이처럼 근로복지공단의 요양급여신청의 불승인 처분이 있자 그는 서울행정법원에 불승인 처분 취소의 소송을 냈다.

서울행정법원은 다행히 스태프의 손을 들어 주었다. 스태프와 공연제작사가 체결한 프리랜서 계약서 그리고 세법상 3.3%를 원천징수하고 지급한 사실 등 형식적인 내용이 프리랜서임에도 불구하고 법원은 해당 스태프는 근로자로 보아야 한다는 것이 법원 판결의 요지였다. 법원은 ① 무대 크루 업무는 비교적 단순한 노무에 가깝고 고도의 전문적인 기술이나 식견이 필요한 업무가 아닌 점, ② 정해진 일정과 장소에서 근로를 제공하고, 무대감독이나 기술감독이 정하는 업무를 직접적이고 구체적인 지휘를 받아 수행한 점, ③ 계약서에서 계약해지 사유의 하나로 무대 크루가 정당한 사유 없이 회사 지시에 불응한 경우를 들고 있는 점, ④ 정해진 일당에 근무 일수를 곱한 금액에 원거리 공연의 경우 교통비를 추가한 금액을 보수로 받았을 뿐 노무 제공을 통한 이윤 창출과 손실 초래 위험을 스스로 안고 있다고 할 수 없는 점 등을 들어 해당 스태프는 근로자에 해당한다고 판단하였고 근로복지공단의 불승인 처분을 취소하라는 판결을 내렸다.[32][33]

32 서울행정법원 2014. 8. 1. 선고 2013구단8809 판결

33 "사례로 알아보는 지원사업, 영화 촬영 중 부상을 당한 조명 스태프, 치료비와 생계비를 어떻게 해야 하나요?", 〈예술인〉, 2018.10., 〈http://news.kawf.kr/?searchVol=27&subPage=02&searchCate=09&idx=451〉(접속일:2020.04.21.)

프리랜서인데 근로자로 볼 수 있다?

지금까지 예술활동을 하는 예술인 즉, 노동을 제공하는 예술인에 대하여 법적으로 어느 지위에 있는지 살펴보았고, 프리랜서는 근로자와 비교하여 상대적으로 노동법의 보호를 받지 못한다는 사실과 노동을 제공하는 예술인이 프리랜서인지 근로자인지 판단은 형식에 관계없이 실질에 따라 종속성이 있는지 없는지에 따른다는 사실을 확인하였다.

지금부터는 조금 더 구체적으로 법률에 따른 프리랜서와 근로자를 구분하는 기준인 종속성에 대하여 알아보려고 한다. 이러한 종속성의 판단 기준은 1994년 대법원판결[34]에서 구체적으로 기본구도를 제시하였으며, 2006년 대법원판결[35]에서는 근로자성 판단의 기본구도를 유지하면서 세부적으로 그 판단방식을 좀 더 진화시켰다.[36] 2006년의 대법원 판례에 따르면 근로기준법상의 근로자에 해당하는지는 계약의 형식이 고용계약인지 도급계약인지보다 그 실질에 있어 근로자가 사업 또는 사업장에 임금을 목적으로 종속적인 관계에서 사용자에게 근로를 제공하였는지에 따라 판단하여야 하고, 위에서 말하

---

34 대법원 1994. 12. 9. 선고 94다22859 판결

35 대법원 2006. 12. 7. 선고 2004다29736 판결

36 배동희, 「판례 분석을 통한 근로자성 판단기준에 관한 연구」, 고려대학교 박사논문, 2016, p.54

는 종속적인 관계가 있는지 여부는 다음을 종합하여 판단하여야 한다고 판시하였다.

① 업무의 내용을 사용자가 정하였는지
② 취업규칙 또는 복무(인사)규정 등의 적용을 받는지
③ 업무수행 과정에서 사용자가 상당한 지휘·감독을 하였는지
④ 사용자가 근무시간과 장소를 지정하고 근로자가 이에 구속받는지
⑤ 노무 제공자가 스스로 비품·원자재나 작업 도구를 소유하는지
⑥ 제삼자를 고용하여 업무를 대행케 하는 등 독립하여 자신의 계산으로 사업을 영위할 수 있는지, 노무 제공을 통한 이윤의 창출과 손실의 초래 등 위험을 스스로 안고 있는지
⑦ 보수의 성격이 근로 자체의 대상적 성격인지, 기본급이나 고정급이 정하여졌는지 및 근로소득세의 원천징수 여부 등 보수에 관한 사항
⑧ 근로 제공 관계의 계속성과 사용자에 대한 전속성의 유무와 그 정도
⑨ 사회보장제도에 관한 법령에서 근로자로서 지위를 인정받는지
⑩ 경제적, 사회적 여러 조건

다만 ⑦ 기본급이나 고정급이 정하여졌는지, 근로소득세를 원천징수하였는지, ⑨ 사회보장제도에 관하여 근로자로 인정받는지 등의 사정은 사용자가 경제적으로 우월한 지위를 이용하여 임의로 정할 여지가 크다는 점에서, 그러한 점들이 인정되지 않는다는 것만으로 근로자성을 쉽게 부정하여서는 안 된다고 판시하였다. 결론은 최종작

품을 제공하는 것이 더 중요한 계약이 아닌 예술활동을 하는 것 자체가 더 중요한 계약 즉, 노동을 제공하는 예술인이 체결하는 계약에서 해당 예술인이 프리랜서인지 근로자인지 여부는 실질에 따라 판단해야 하고, 그 판단 기준은 종속성이며, 종속성이 있는지 여부는 위 판례의 판시사항에 따르게 된다는 것이다.

실무에서 보면 예술인 대부분은 계약의 성격에도 불구하고 프리랜서로 계약하는 모습을 볼 수 있다. 이는 예술활동이 공연, 전시 등 프로젝트의 성격이 큰 이유도 있고, 예술활동의 독립성을 보장하기 위한 이유도 있다. 그러나 저자는 예술인과 계약하는 계약의 상대방이 각종 노동법의 적용을 받지 않을 수 있다는 이유도 상당한 부분에서 있다고 판단한다. 프리랜서로 계약을 한다면 노동법을 적용받지 않으므로 해당 예술인에게 사회보험에 가입해 줄 의무가 없으며, 퇴직금도 줄 필요가 없고, 계약을 해지하는 것도 간편하기 때문이다. 따라서 프리랜서로 계약한 예술인과 그 계약의 상대방은 근로자성을 판단하는 종속성의 기준을 이해하고 적용하여야 할 것이며, 예술활동을 하는 예술인이 종속성이 있다고 판단된다면 실질에 맞게 계약하여야 할 것이다.

노동을 제공하는 예술인이 종속성이 없다면 ➡ 프리랜서 〉〉 노동법 미적용

노동을 제공하는 예술인이 종속성이 있다면 ➡ 근로자 〉〉 노동법 적용

종속성을 판단하는 기준

① 업무의 내용을 사용자가 정하였는가?

② 취업규칙 또는 복무(인사)규정 등의 적용을 받는가?

③ 업무 수행 과정에서 사용자가 상당한 지휘·감독을 하였는가?

④ 사용자가 근무시간과 장소를 지정하고 근로자가 이에 구속을 받는가?

⑤ 노무 제공자가 스스로 비품·원자재나 작업용 도구를 소유하는가?

⑥ 제삼자를 고용하여 업무를 대행케 하는 등 독립하여 자신의 계산으로 사업을 영위할 수 있는가? 노무 제공을 통한 이윤의 창출과 손실의 초래 등 위험을 스스로 안고 있는가?

⑦ 보수의 성격이 근로 자체의 대상적 성격인가? 기본급이나 고정급이 정하여졌는가? 근로소득세의 원천징수하였는가?

⑧ 근로 제공 관계의 계속성이 있는가? 사용자에 대한 전속성이 얼마나 있는가?

⑨ 사회보장제도에 관한 법령에서 근로자로서 지위를 인정받는가?

⑩ 경제적·사회적 여러 조건

06

계약서를
한 번도
쓴 적이 없다

창작자의 권리와 계약의 힘
계약서를 왜 써야 하는가?
불공정행위의 유형
문화예술 표준계약서
예술인 신문고

창작자의 권리와 계약의 힘

2002년 스웨덴 정부는 스웨덴의 대표 동화작가인 아스트리드 린드그렌을 기념하고 그 정신을 기리기 위하여 매년 아동 및 청소년을 위한 문학활동을 하는 작가 등을 대상으로 아스트리드 린드그렌상[37] 수상자를 선정하기 시작했다. 그리고 2020년 대한민국 최초로 한 작가가 아스트리드 린드그렌상을 수상했다는 소식이 들려왔다. 이후 작가는 여러 방송 출연과 인터뷰를 통해 대중들과 소통했고, 높은 수상 상금까지 알려지며 많은 사람의 이목을 집중시켰다. 그러나 이런 상황과 모순되게도 같은 해 아스트리드 린드그렌상을 수상할 수 있게 해주었던 작가의 창작물에 대한 권리[38]가 창작자인 작가가 아닌 출판사 등에 있다는 판결이 확정되었다.

그 작가는 바로 구름빵의 백희나 작가이다. 작가는 2017년 첫 재판을 시작으로 자신의 권리를 되찾고자 했으나 1심과 2심에서 모두 패소하고, 항소하였으나 2020년 6월 대법원의 심리불속행 기각 결정으로 2심 판결 내용이 확정되었다. 심리불속행 기각 결정이란 일정한 사유가 없는 경우 대법원에서 더 이상 심리하지 않고, 판결로 상고를

---

37   아동문학계의 노벨상으로도 불린다.
38   2차적저작물작성권을 포함한 저작재산권을 말한다.

기각하는 결정이다. 즉, 대법원에서 누구의 잘못인지 판단조차 하지 않고, 고등법원의 판결대로 결정한 것이다. 이 결정으로 작가는 더 이상 구름빵 등에 대한 자신의 권리에 대하여 다툴 수 없게 되었다.

문제는 작가가 2003년 당시 체결했던 계약이었다. 작가가 체결한 계약 제5조 제1항에서는 2차적저작물작성권을 포함한 저작재산권 일체를 양도하는 것으로 정하였다. 저작권에 대한 인식이 높아진 요즘은 찾아보기 힘든 일명 매절계약을 2003년 당시에 체결한 것이다. 원고인 작가는 계약 내용 중 저작권이 포괄적으로 양도되는 제5조 제1항이 민법에 따른 불공정한 법률행위[39] 또는 약관규제법 위반을 이유로 무효를 주장했고, 당연히 피고인 출판사 등은 불공정한 법률행위에 해당하지도 않고, 약관규제법 위반도 아니므로 무효가 아니라고 주장했다.

그렇다면 최종적으로 확정된 고등법원 2심 판결[40]을 살펴보겠다. 법원은 이 사건 계약에서 저작물의 개발 대가를 판매 부수에 비례하여 지급하는 것이 아니라 정액으로 하였고, 여기에는 2차적저작물작성권을 포함한 저작재산권 일체를 양도하는 것으로 정하고 있으나, 위 조항은 2003년 당시 원고가 신인작가였던 점을 고려하여 저작물의 상업적 성공 가능성에 대한 위험을 출판사도 적절히 분담하려는 측

---

39 민법 제104조(불공정한 법률행위) 당사자의 궁박, 경솔 또는 무경험으로 인하여 현저하게 공정을 잃은 법률행위는 무효로 한다.

40 서울고등법원 2020. 1. 21. 선고 2019나2007820 판결

면도 있다고 확인하였다. 즉, 출판사 등도 손실을 볼 가능성이 있음에도 작가에게 정액을 지급한 것이고, 그 지급액이 당시 작가의 위치를 볼 때 아주 불공정하게 적은 금액도 아니었다고 판단한 것이다. 이에 법원은 이 사건 계약 제5조 제1항의 무효 여부에 대하여 불공정한 법률행위도 아니고 약관규제법 위반도 아니므로 유효하다고 판단했다. 저자 생각에 이 재판에서 해당 조항이 무효가 아닌 것으로 판단된 이상 작가에게 승산은 없는 것으로 보였다.

창작자의 권리는 법에서 보호하고 있고, 창작자는 계약 자유의 원칙에 따라 자유롭게 계약할 수 있다. 그러나 위 구름빵 판례를 살펴보면 알 수 있듯이 창작자의 권리와 계약의 힘이 충돌하면 계약의 힘이 이기는 사례를 종종 볼 수 있다. 창작자의 입장에서 자신의 권리를 인정받지 못한다는 아쉬움이 있을 수 있지만, 계약의 당사자가 서로 확인하고 서명한 계약의 내용이 불공정하다는 이유로 그 내용을 무효로 한다는 결론이 쉽게 내려진다면 계약의 실효성에 대하여 큰 의구심을 가질 수도 있다. 그러므로 애초에 계약을 체결할 때 예술인은 계약 내용에 관심을 두고, 조항 하나하나를 잘 따져봐야 한다. 이런 점에서 볼 때 재판 결과와 관계없이 이번 저작권 분쟁은 신인 작가를 포함한 여러 창작자가 계약의 내용과 자신의 권리에 대해 다시 한번 생각해볼 수 있는 계기가 되었다는 점은 확실해 보인다.

계약서를 왜 써야 하는가?

예술인은 누구나 자유롭게 계약하여 예술활동을 할 수 있다. 여기에서 계약이란 서로 대립하는 둘 이상의 의사표시 합치로 성립하는 법률행위로 정의하며, 간단히는 당사자 간에 법적 구속력이 있는 약속이라고 할 수 있다. 예술인이 예술활동을 하고 대가를 받기로 하는 법적 구속력이 있는 약속은 말로 할 수도 있고, 문자나 이메일을 주고받을 수도 있으며, 종이에 내용을 기재하고 서명할 수도 있다. 어찌됐든 의사표시의 합치가 있으면 될 뿐, 계약의 성립에 있어서 방식은 그리 중요하지 않다. 예술활동을 하면서 서면 계약서를 썼는지는 계약의 성립에 영향을 미치지 않는다는 의미이다.

그렇다면 계약서는 왜 써야 하는 것일까? 그 이유는 예술인의 권리와 지위를 보호하기 위함이라고 답하겠다. 현재 예술업계는 무계약 또는 구두계약 관행, 계약 관련 전문 지식의 부족 등으로 인하여 계약서 작성이 보편화되어 있지 않은 것이 현실이다.[41] 이에 예술인복지법은 개정을 통하여 서면 계약서를 반드시 작성하도록 하였다. 문화예술과 관련된 계약을 체결할 때는 반드시 계약서에 계약의 내용을

---

41 2021년 예술인 실태조사에 따르면 서면계약 체결율은 48.7%인 것으로 조사되었다. 2018년 예술인 실태조사에 따른 서면계약 체결율 42.5%보다는 상승했지만 타 업계와 비교하면 높은 수치는 아니다.

적고 두 당사자가 서명 또는 기명날인한 계약서를 주고받아야 한다는 의미이다. 지금까지 내용을 정리하면 계약서를 작성하는 이유는 예술인의 지위와 권리를 보호하기 위해서라고 하였고, 이에 예술인복지법에서도 계약서의 작성을 의무화하고 있다. 그렇다면 서면 계약서에는 어떤 법적인 힘이 있길래 이렇게 강조하는 것일까?

계약의 내용이 문서로 되어 있으면 다툼의 소지가 적어지지만, 말로 하는 계약은 상대방이 다른 소리를 하면 반박할 증거가 없다는 것이 문제이다. 예술인이 불공정행위로 피해받는 것은 계약 내용이 분명하지 않아 생기는 경우가 많으므로 서면으로 분명하게 하면 불합리한 내용이 계약서에 명시될 가능성이 줄어든다. 문화예술사업자가 예술인에게 불리한 내용으로 계약하려 해도 문서로 남는다면 아무래도 그대로 강행하기가 쉽지 않을 것이다. 그리고 계약 내용이 문서로 남는다면 예술인복지법 불공정행위 제도의 도움을 받기가 쉽다. 또한 법원에 소송을 제기하여 권리를 보호받기 위해서는 주장을 뒷받침하는 증거가 필요한데 서면 계약서는 매우 중요한 증거가 될 수 있다.[42]

다만, 서면 계약서를 작성하는 것을 예술인복지법에 규정하였다고 하여 서면 계약서가 없다고 계약이 성립하지 않는 것은 아니다. 구두로 한 계약도 여전히 유효하다는 것이다. 그러나 계약을 체결할 때 서면 계약서를 작성하지 않으면 법률에 규정된 벌칙에 따라 문화예술사

---

42 박승흠, 「예술, 계약과 친해지기」, 한국예술인복지재단, 2016, p.25

업자는 500만 원 이하의 과태료를 부과받을 수 있다. 서면 계약서 작성의 취지가 예술인의 지위와 권리 보호에 있고, 아무래도 예술인보다는 문화예술사업자가 계약을 체결할 때 유리한 편에 서기 때문이다.

예술인복지법에 따르면 모든 예술인은 불공정한 계약을 강요당하지 않을 권리를 갖는다고 하였으나 2021년 예술인 실태조사에 따르면 계약체결 경험자 중 부적절하고 부당한 계약을 체결한 경험률은 11.2%로 조사되었다. 여기에서 불공정행위는 문화예술용역에 관한 기획과 제작, 유통업에 종사하는 자로서 예술인과 계약을 체결하는 자가 예술인의 자유로운 예술창작활동 또는 정당한 이익을 해치거나 해칠 우려가 있는 행위를 하거나 제삼자로 하여금 이를 하게 하는 행위를 의미한다. 그렇다면 과연 불공정행위가 명확히는 어떤 행위를 의미하는 것인지 법률에 열거된 불공정행위의 구체적인 내용과 사례를 살펴보자.

사례 1. 우월적인 지위를 이용하여 예술인에게 불공정한 계약 조건을 강요하거나 계약 조건과 다른 활동을 강요하는 행위

대표적으로 예술인에게 표를 강제로 구매하게 하거나 예술활동의 대가를 예술인의 동의 없이 초대권 등으로 지급하는 사례가 있다. 일반적으로 예술활동의 대가는 현금으로 받으나 계약의 당사자 사이에 합의가 있다면 다른 것으로 대가를 받을 수도 있다. 그러나 이를 강요하여 계약의 내용에 포함하였다면 이는 불공정행위에 해당한다.

사실 우월한 지위를 이용하여 예술인에게 불공정한 계약조건을 강요하는 내용의 유형은 무수히 많다. 계약의 위험을 예술인이 과다하게 부담하는 경우, 계약 기간을 정하지 않거나 무리하게 장기간의 계약 기간을 정하는 경우, 예술활동에 대한 대가가 현저히 낮은 경우 등이 우월한 지위를 이용한 불공정행위라고 할 수 있다.

사례 2. 예술인에게 적정한 수익 배분을 거부·지연·제한하는 행위

정말 많은 예술인이 겪을 수 있는 대표적인 불공정행위이다. 수익 배분의 거부·지연·제한 행위는 민법에 따르면 각각 의미가 다르지만, 이 책에서는 어떤 이유에서든지 예술인에게 대가를 제대로 지급하지 않는 것 정도로 해석하겠다. 이는 단순히 용역 제공에 대한 대가를 받지 못하는 것뿐만 아니라 전속계약의 수익분배 비율에 따라 수익 배분이 이루어지지 않는 것도 포함한다. 또한 문화예술사업자의 재정 악화를 이유로 대가를 지급하지 않을 때도 같다.

사례 3. 부당하게 예술인의 예술창작활동을 방해하거나 지시, 간섭하는 행위

이는 예술창작활동과 관계없는 이유로 예술인의 동의 없이 그 예술인의 예술창작활동을 심히 곤란하게 할 정도로 방해하는 행위와 지시·간섭하는 행위를 의미한다. 그렇다면 예술창작활동을 심히 곤란하게 할 정도란 어느 정도를 의미할까? 이는 자유로운 의사결정에 따른 예술창작활동이 제약받는다는 것을 말하며 출연자에게 성희롱, 모욕 등의 행위를 하여 정상적인 예술창작활동을 수행하지 못하게 하는 경우를 예시하고 있다.

사례 4. 계약과정에서 알게 된 예술인의 정보를 부당하게 이용하거나 제삼자에게 제공하는 행위

문화예술사업자와 예술인 사이에 계약을 하다 보면 계약의 체결 여부와는 관계없이 공연의 대략적인 줄거리, 등장인물이나 음악의 일부분 또는 무대 디자인 초안 등 예술인의 예술활동 관련 정보를 문화예술사업자에게 알려주는 상황이 발생한다. 이렇게 계약과정에서 알게 된 예술인의 예술활동 관련 정보를 문화예술사업자가 부당하게 이용하거나 제삼자에게 제공하면 이는 예술인의 권리를 침해하는 것으로서 불공정행위에 해당한다.

예술인복지법 이외에 예술인권리보장법에서도 예술인의 자유로운 예술 활동 또는 정당한 이익을 해치거나 해칠 우려가 있는 행위를 불공정행위로 열거하여 금지하고 있으며, 이는 예술인복지법의 불공정행위 유형과 대부분 같다. 다만, 예술인권리보장법에서는 그 밖의 부정한 방법으로 예술인에게 불이익이 되도록 부당하게 거래조건을 설정 또는 변경하거나 그 이행과정에서 불이익을 주는 행위를 추가로 열거하여 포괄적으로 예술인에게 불리한 불공정행위를 규정하였다.

문화예술 표준계약서

  예술인복지법은 예술인의 지위와 권리를 보호하기 위하여 서면 계약서를 작성하도록 하며 서면 계약서 체결할 때는 ① 계약금액, ② 계약 기간·갱신·변경 및 해지에 관한 사항, ③ 계약 당사자의 권리 및 의무에 관한 사항, ④ 업무와 과업의 내용, 시간, 및 장소 등 용역의 범위에 관한 사항, ⑤ 수익의 배분에 관한 사항, ⑥ 분쟁해결에 관한 사항을 명시하여야 한다고 규정한다. 이를 위반할 시 벌칙규정에 따라 문화예술사업자에게 500만 원 이하의 과태료를 부과할 수 있다. 또한 모든 예술인은 불공정한 계약을 강요당하지 않을 권리를 얘기하며 법률에 불공정행위의 유형을 열거하였다.

  그러나 계약의 경험이나 관련된 전문 지식이 없는 예술인이 위에 따라 계약하는 것은 서면 계약서를 만드는 것부터 어려움이 있다. 비슷해 보이는 단어 또는 표현도 법적으로 해석하면 완전히 달라질 수 있기 때문이다. 예를 들어 '갑은 을의 권리를 양도받는다.'는 것과 '갑이 을의 권리를 이용하도록 허락한다.'라는 문장은 일상에서 구두로 사용할 일은 별로 없겠지만 계약서에서 양도와 이용허락의 차이는 어마어마한 결과의 차이를 가져온다. 비교적 간단한 예시를 들었지만, 계약서에는 의미를 명확하게 판단하기 어려운 용어들이 적지 않다. 게다가 작업실에서 대부분 시간을 보내는 창작자들에게 계약서의 문구는 외계어처럼 낯설 가능성이 높다.[43] 이에 한국예술인복지재단은 문화예술분야 표준계약서를 누구나 사용할 수 있도록 배포하고 있다.

표준계약서는 특정 분야 또는 직군의 빈번한 계약관계 수립을 위한 표준 양식이며, 불공정한 계약이 발생하지 않도록 예방하는 일종의 준거로서 기준을 제시하는 규범적 성격을 갖는다. 표준계약서를 제공하는 문화예술 분야는 미술, 영화, 대중문화, 공연예술, 만화, 애니메이션, 출판, 방송, 저작권계약으로 한국예술인복지재단 홈페이지에서 예술활동증명을 하지 않았더라도 누구나 내려받아 사용할 수 있다. 표준계약서에 따라 계약하면 계약의 당사자는 대등한 입장에서 공정하게 계약을 체결한 것으로 보며 서면 계약서에 명시하여야 할 내용을 모두 명시한 것으로 본다.

예술인과 계약하는 문화예술사업자는 서면 계약서를 작성하지 않는 경우 과태료를 부과받을 수 있지만, 반면에 표준계약서에 따라 예술인과 계약하는 경우 문화예술진흥법에 따른 문화예술진흥기금 지원 등 문화예술 재정 지원에 있어 우대받을 수 있는 혜택이 있다.

---

43 "공연계 표준계약서 도입, 어디까지 왔나", 〈웹진예술경영〉, 2014.12., 〈http://www.gokams.or.kr/webzine/wNew/column/column_view.asp?idx=1443&page=1&c_idx=48&searchString=〉(접속일:2020.06.01.)

예술인 신문고

아무리 법률이 만들어지고, 서면 계약서를 작성을 강제하고, 표준 계약서를 만들어 배포하고, 불공정행위 내용에 대해 교육을 하더라도 사람이 사는 사회는 완벽할 수 없고, 피해자는 언제나 발생할 수 있다. 이에 예술인복지법은 예술활동과 관련된 불공정행위로 인한 정신적·신체적·경제적 피해를 본 예술인의 피해를 구제하고, 분쟁을 조정하며, 소송을 지원하는 등의 제도를 운용하고 있다. 이 제도 이름이 예술인 신문고이다.

예술인 신문고의 지원내용 및 절차는 다음과 같다. 예술인이 불공정행위로 인한 피해를 본 경우 한국예술인복지재단을 통해 상담을 하고 신고접수를 한다. 이후 한국예술인복지재단과 문화체육관광부는 신고 내용과 기초 사실관계 그리고 제출 자료를 확인하여 사실 조사를 하고 문화예술공정위원회를 통해 조사내용을 검토 후 의견을 제시, 필요시 분쟁을 조정한다. 이후 문화체육관광부는 피신고인의 의견진술을 거쳐 시정명령을 부과하고, 시정명령을 이행하지 않으면 과태료를 부과한다. 마지막으로 신고인이 소송을 통해 구제받고자 하는 경우 소송비용을 일부 지원한다.

예술인 신문고를 통한 불공정행위에 대한 신고 중 예술인에게 적정한 수익 배분을 거부·지연·제한하는 행위 즉, 수익 미분배와 관련된 신고가 높은 비율을 차지하고 있다. 예술인 신문고를 통해 수익 미분배 피해를 구제받은 사례를 살펴보겠다. 2019년 10월 뮤지컬 '친정엄마' 제작사 대표의 갑작스러운 잠적으로 지역공연이 연달아 취소되며 배우, 스태프 등 예술인에게 피해를 안긴 사건이 있었다. 이에 피해 예술인은 예술인 신문고 제도를 활용하였고, 한국예술인복지재단은 예술인 신문고를 통해 신고한 피해 예술인 25명에 대하여 고용노동부로부터 체불임금확인서를 발급받아 소액체당금을 받을 수 있게 되었다. 이들이 받게 된 미지급액은 총 약 8,400만 원이다.

사실 뮤지컬 '친정엄마' 임금체불 사건의 예술인 신문고 사례는 분쟁의 당사자 사이를 조정하거나 시정명령을 내리는 일반적인 사례는 아니고, 피해 예술인의 근로자성[44]을 인정받아 고용노동부에 소액체당금 제도를 적용받을 수 있게 도와준 사례이다. 여기에서 소액체당금 제도란 사업주가 미지급임금을 지급할 능력이 없다고 인정되는 경우 근로자가 임금을 고용노동부에 청구하면 그 근로자의 미지급임금을 사업주 대신 지급하고, 고용노동부는 근로자에게 체당금을 지급하였을 때 그 금액을 한도로 근로자가 사용자에게 청구할 수 있는 권리를 대위하는 제도이다. 쉽게 말해 밀린 임금을 일단 고용노동부가 근로자에게 지급하고, 고용노동부는 사업주에게 지급액을 청구

---

44 이 책 제5장 「프리랜서인데 근로자로 볼 수 있다?」 참고

하는 제도이다. 이 제도는 근로기준법에 따른 근로자에게 적용되는 제도이다. 그러나 이번 사건은 피해 예술인도 형식상 근로계약을 한 것은 아니지만 실질에 따라 근로자성을 인정받아 소액체당금 제도를 적용받은 것이므로 다른 수익 미분배 사건과 달리 큰 의미를 부여할 수 있다.

저자는 예술인이 예술활동 중 계약의 상대방과 분쟁이 발생한 경우 예술인 신문고 제도를 적극 활용하는 것을 추천한다. 예술인 신문고를 거치지 않더라도 민사소송 등 재판을 통해 분쟁을 해결할 수도 있으나 소송을 하는 것은 경제적으로 부담이 될 뿐만 아니라 정신적으로도 지치며 최종 판결까지 시간도 몇 개월, 몇 년씩 오래 걸리기 때문이다. 실제로 과거 예술인이 제작사 대표를 상대로 피해보상을 위한 소송을 진행하였고, 예술인의 승소로 판결이 확정되었으나 대표는 이미 해외로 잠적한 상태였고, 실질적으로 보상을 받은 금액은 매우 적은 금액이었던 사례가 있었다.

07

내가 만든
창작물에 대한
권리

Copyright
저작권침해가 이루어지는 과정
공동저작물과 2차적저작물
업무상저작물은 누가 저작자일까?
실질적 유사성과 윤리적 도덕성

세계 최초의 저작권법은 1710년 영국의 '앤 여왕법'으로 알려져 있
다. 앤 여왕법의 첫 문장은 "출판업자, 도서판매업자 할 것 없이 최
근 들어 저작자의 동의 없이 글과 그림을 마음껏 찍어내고 있어 이들
에게 막대한 손해를 끼치고 심지어 저작자들은 물론 그들의 가족까
지 파멸로 몰고 있다."로 시작한다. 이 법의 예사롭지 않은 첫 문장을
보면 마치 세계 최초로 글과 그림 등 창작물을 힘겹게 만들어 낸 저
작자를 강력하게 보호하는 것을 목적으로 하는 것 같지만, 슬프게도
앤 여왕법이 만들어진 이유에 관한 이해관계는 그렇게 낭만적이거나
단순하지 않았다.

앤 여왕법은 인쇄의 독점권에 방점이 찍혀 있다. 출판업자가 저자
의 책을 독점적으로 인쇄하기 위해 저자로부터 인쇄에 대한 독점권을
양도받아야 했기 때문에 먼저 저자에게 독점적 권리를 인정하고, 이
를 자신들이 양도받았다는 논리를 전개한 것이다. 책을 출판하려면
저자는 계약을 통해 출판업자에게 권리를 양도하지만, 당시에는 인
세 제도가 없었으므로 이후 출판업자가 책을 판매해 얻은 이익과는
무관했다.[45] 따라서 이때의 저자는 최초에 출판업자에게 자신의 인

---

45 조채영, 『법 앞의 예술』, 안나푸르나, 2019, p.11

쇄 독점권을 양도할 때 단 한 번의 이익만 얻을 수 있으며 책의 판매량에 따른 이익은 얻을 수 없었다. 결론적으로 세계 최초의 저작권법인 앤 여왕법으로 가장 이득을 본 자는 저작자가 아닌 인쇄의 독점권 즉, Copyright[46]를 보유하는 출판업자가 되었다.

　세계 최초 저작권법의 목적은 출판업자의 이익을 위한 것이었으나 어쨌든 이를 시작으로 세계의 저작권법은 저작자의 권리를 보호하는 법률로 개정 및 발전되어왔다. 현행 우리나라의 저작권법은 저작자의 권리와 이에 인접하는 권리를 보호하는 것을 목적으로 하고 있다. 현재 예술과 관련하여 가장 갈등이 많은 분야가 저작권과 관련된 분야이고, 따라서 저작권과 관련된 법원의 판례도 많고 복잡하다. 예술과 대중매체의 발전으로 발생하는 매번 새로운 사실관계는 저작권과 관련하여 계속 새로운 분쟁과 판례를 생산하고 있다. 또한 법률의 해석으로 인한 분쟁해결에 관한 이슈뿐만 아니라 과도한 저작권이 오히려 문화예술의 발전을 더디게 한다는 여러 의견도 저작권과 관련하여 지속적으로 지적되고 있다.[47]

　이처럼 법적인 내용이나 분쟁 그리고 현재 저작권법에서 발생하는 복잡하고 다양한 이슈 등은 이 책과 같이 넓고 얕은 최소한의 지식을 전달하는 책 중 일부만으로는 당연히 이해할 수 없을 것이다. 따

46　복사할 수 있는 권리로 직역된다.

47　저작자가 저작권을 독점하지 않고 자유롭게 누구나 사용하고 공유할 수 있다는 의미의 카피레프트(Copyleft)라는 표현도 있다. 공공성을 지닌 예술을 소수가 독점하는 것은 잘못이라는 것이다.

라서 이번 장에서는 저작권법에 관한 근본적인 이해 목적의 설명보다는 몇 가지 중요한 판례와 사례를 소개하는 방식으로 저작권법이 어떤 것인지 정도만 간단히 살펴보려고 한다. 이 책에서 소개할 판례는 총 네 가지로 첫 번째는 걸그룹 시크릿의 샤이보이 안무 저작권침해와 관련된 판례, 두 번째는 뮤지컬 '친정엄마'의 대본 저작권에 대한 판례, 세 번째는 예술감독과 발레안무가 사이의 무용저작물의 저작자에 대한 판례, 네 번째는 솔섬사진에 관한 저작권 판례이다. 각각을 통하여 저작권침해가 이루어지는 과정을 알아보고, 공동저작물, 2차적저작물, 업무상저작물 그리고 저작권침해의 판단 기준 중 하나인 실질적 유사성에 관하여 확인해보자.

처음으로 소개할 판례는 저자가 대학원에서 저작권법 수업을 들었을 때 알게 되었던 판례로서 시크릿의 샤이보이 춤에 대한 저작권 판례[49]이다. 이 판례는 저작권침해가 이루어지는 과정을 논리적 순서에 따라 잘 보여주기 때문에 저작권법 수업에서 자주 등장하곤 한다. 사실관계는 댄스학원에서 춤을 가르치는 강사가 샤이보이 안무를 창작한 안무가의 허락 없이 학원의 수강생들에게 샤이보이 춤을 가르쳤고, 해당 영상을 촬영하여 학원의 홈페이지에 게시하여 홈페이지에 방문하면 자유롭게 영상을 볼 수 있게 한 것이고, 이에 안무가와 댄스학원의 강사 사이에 분쟁이 발생한 것이다. 이 사안에서 이제 저작권침해가 이루어지는 과정을 살펴보자.

판단 1. 샤이보이 안무가 창작성이 있는 저작물인가?

우선 법원은 샤이보이 안무가 창작성이 있는 저작물인지 여부를 판단하였다. 해당 안무가 저작권법에 따른 저작물이 아니라면 저작권법이 적용될 여지조차 없기 때문이다. 저작물은 인간의 사상 또는 감정을 표현한 창작물을 말하는데 이는 저작자 자신의 독자적인 사상 또

---

48 한국저작권위원회 저작권판례자료 중 「시크릿의 샤이보이 안무의 저작물성을 인정한 사건」 참고
49 서울고등법원 2012. 10. 24. 선고 2011나104668 판결

는 감정의 표현을 담고 있음을 의미하며 저작권법 제4조에서 무용저작물을 저작물로 예시하고 있다. 샤이보이 안무는 전문 안무가가 샤이보이 노래에 맞게 시크릿 멤버들에게 적합한 일련의 신체적 동작과 몸짓을 창조적으로 조합하고 배열한 것이므로 이는 안무가의 사상 또는 감정을 표현한 창작물에 해당한다고 판단하였다.

판단 2. 학원의 강사가 수강생들에게 가르친 춤이 샤이보이 안무와 실질적으로 유사성이 있는가?

샤이보이 안무가 저작권법에 따른 저작물임을 판단한 후 법원은 강사가 수강생들에게 가르친 춤이 해당 저작물과 실질적으로 유사하였는지를 판단하였다. 강사의 행위가 저작물과 실질적으로 유사하지 않다면 저작권을 침해한 것이 아니기 때문이다. 이 사건에서 강사는 강사 특유의 전달기법을 통하여 재현되거나 수강생들에게 강습이 이루어졌다 하더라도, 강사는 수강생들을 상대로 샤이보이 안무를 재현하기 위하여 강습한 것이고, 또한 홈페이지에 게시된 영상 역시 샤이보이 안무와 다르지 않으므로 법원은 강사들의 강습 행위는 이 사건의 안무와 실질적으로 유사하다고 보아 실질적 유사성이 있다고 판단하였다.

판단 3. 성명표시권을 침해하였는가?

샤이보이 안무가 보호받는 저작물에 해당하고, 강사의 강습행위가 저작물과 실질적으로 유사하므로 강사는 강습행위를 홈페이지에 게시할 때 저작권자의 성명을 표시하여야 했으나 강사는 저작권자의 성명을 표시하지 않았으므로 법원은 안무가의 성명표시권을 침해하였다고 판단하였다. 또한 통상적으로 대중가요의 안무에 있어 저작권자를 표시하지 않는 관행이 있다고 하더라도 이는 공정한 것이라고 볼 수 없다고도 판단하였다.

판단 4. 공표된 저작물을 인용하였는가?

샤이보이 안무가 저작물에 해당하고, 강사가 수강생들에게 가르친 춤이 저작물과 실질적 유사성도 있으며 성명표시권도 침해되었다고 법원은 판단하였다. 그러나 강사는 강사가 샤이보이 안무를 강습에 이용하는 행위는 이를 교육 목적을 위한 강습의 소재로 인용한 것으로서 해당 안무에 대한 수요를 대체하는 것이 아닌 오히려 수요를 창출하는 것이므로 저작권법 제28조[50]에 따라 면책된다고 항변했다. 즉, 강사의 강습 행위는 교육 목적이었고, 저작권자인 안무가에게 쉽게 말해 긍정적으로 영향을 미칠 수 있으니 책임을 면제할 수 있다고 주장한 것이다. 결론적으로 법원은 강사의 행위는 저작권법 제28조에 해당한다고 볼 수 없으므로 면책될 수 없다고 판시하였다.

댄스학원의 강사는 다수의 수강생 앞에서 샤이보이 안무를 그대로 재현하고 수강생들로 하여금 이를 따라 하도록 하였으므로 안무가의

---

50 저작권법 제28조(공표된 저작물의 인용) 공표된 저작물은 보도, 비평, 교육, 연구 등을 위하여는 정당한 범위 안에서 공정한 관행에 합치되게 이를 인용할 수 있다.

공연권을 침해하였고, 강사들은 해당 안무를 촬영하고 녹화하여 학원의 홈페이지에 게시하였으므로 안무가의 복제권과 전송권을 침해하였으며, 앞서 본 바와 같이 저작자인 안무가의 성명도 표시하지 않았으므로 성명표시권도 침해하였다고 법원은 최종적으로 판단하였다. 이후 과정은 금지 및 폐기명령과 손해배상 책임[51]으로 넘어가므로 생략하겠다.

그렇다면 샤이보이 안무에 대하여 강사의 행위는 저작권침해 행위에 해당하는데, 수없이 많은 비슷한 영상이 있는 싸이의 강남스타일 말춤 안무에 대하여는 저작권침해 논란이 왜 없는 것일까? 이는 저작자가 저작권을 포기하고 패러디를 택하였기 때문이다. 강남스타일 안무의 확산 배경에는 트위터뿐만 아니라 리액션 영상, 패러디 영상물이 큰 몫을 차지한다. 그동안 국내에서는 저작권법을 빌미로 자유로운 패러디 창작을 제한해왔다. 강남스타일에서 싸이와 음악저작권협회는 소송을 제기하는 것보다 패러디의 제작을 독려하는 방법을 택했다.[52] 저작자가 허락하였으니 저작권침해도, 분쟁도, 소송도 없게 된 것이다. 저작권법은 저작자의 권리를 보호하여 경제적 이익을 제공하기도 하지만, 반대로 예술을 소수가 독점하게 만들며, 이용을 제한하여 오히려 저작자의 경제적 이익이 감소하는 효과가 발생하기도 한다.

---

51 판례에서 댄스학원 강사는 저작권자인 안무가에게 안무가의 손해액과 위자료를 합친 금액인 400만 원에 이자상당액을 더하여 지급할 의무가 있다고 결정하였다.

52 송민정, 「강남스타일', 한류의 글로벌 전략 방정식을 다시 쓰다」, KT 경제경영연구소, 2012, p.5

공동저작물과 2차적저작물[53]

샤이보이 안무 저작권 분쟁은 민사소송을 통해 해결한 분쟁이다. 이번에는 '친정엄마' 대본 형사사건으로 불리는 형사소송에서의 저작권 판례[54]를 살펴보자. '친정엄마' 수필을 집필한 수필작가는 이를 원작으로 연극을 제작하기 위하여 연극의 초벌대본을 자신이 집필하고, 각색작가에게 상당한 부분 각색하게 하였다. 이후 연극 '친정엄마'의 최종대본은 만들어졌고 연극이 공연되었다. 연극이 끝나고 수필작가는 연극에 이어 뮤지컬 '친정엄마'를 제작하였는데, 이때 연극 '친정엄마'의 최종대본 대부분을 그대로 옮겨 뮤지컬 '친정엄마'의 대본을 완성한 후 뮤지컬 공연에 이용하도록 하였다. 이에 각색작가는 '친정엄마' 최종대본은 자신이 저작권을 갖는 2차적저작물이므로 수필작가가 자신의 저작권을 침해하였다는 내용으로 수필작가를 고소하였다. 지금부터는 각색작가를 고소인으로 수필작가를 피고인으로 부르겠다.

2차적저작물이란 원저작물을 번역, 편곡, 변형, 각색, 영상제작 그밖의 방법으로 창작한 창작물이고, 2차적저작물은 독자적인 저작물

---

53 한국저작권위원회 저작권판례자료 중 「공동저작물의 무단 이용과 저작권 침해('친정엄마' 형사사건 제2심 판결)」 참고
54 서울남부지방법원 2012. 7. 6. 선고 2012고정565 판결

로서 보호된다. 또한 2차적저작물의 보호는 원저작물 저작자의 권리에 영향을 미치지 않는데, 쉽게 말하면 초벌대본은 피고인이 권리를 갖는 원저작물이고, 이를 각색한 최종대본은 2차적저작물로서 고소인이 저작권을 갖는다는 것이다. 따라서 이 사건은 해당 연극의 최종대본이 2차적저작물에 해당하는지 아닌지가 중요한 쟁점이 되었다. 고소인이 권리를 갖는 2차적저작물에 해당한다면 피고인은 저작권을 침해하였으므로 처벌을 받을 것이고, 그렇지 않다면 처벌을 받지 않을 것이다. 그러나 상황이 그리 단순하지는 않은데 법원의 판단을 살펴보자.

판단 1. 수필 '친정엄마'와 초벌대본 및 최종대본의 관계

법원은 우선 연극 '친정엄마'의 최종대본은 수필 '친정엄마'를 원저작물로 하여 각색된 독자적으로 창작한 2차적저작물에 해당한다고 판시하였다. 그러나 연극 대본은 극작가 혼자만의 작업에 의하여 완성되는 것이 아니고 연극의 상황에 따라 연출가, 배우, 스태프 등 다수의 관계자에 의해 수정되고 보완되어 완성되는 속성이 있다. 또한 고소인의 최종대본도 피고인의 초벌대본을 기초로 각색한 것이므로 이 사건의 최종대본은 초벌대본과는 별개의 독자적 저작물로서 2차적저작물로 이해할 것이 아니라 고소인과 피고인, 연출자와 연기자 등이 공동으로 관여하여 완성한 하나의 저작물 즉, 단일저작물에 해당한다고 결정하였다.

판단 2. 단일저작물인 최종대본의 저작권자는 누구인가?

각색작업이 이루어지는 과정을 살펴보자. 최종대본을 고소인이 각색하긴 했지만, 최종대본에 고소인이 스스로 '극본 피고인'이라고 기재하였고, 피고인과 고소인이 주고받은 이메일의 내용, 현행 연극계의 현실과 관행, 피고인과 고소인의 경력 차이 등에 비추어 보면 고소인이 피고인과 동등한 지위에서 대본 작업에 참여하지 않고, 피고인의 통제 아래에서 각색작업이 이루어졌음을 알 수 있다. 그렇다고 해도 고소인 또한 새로운 인물을 창조하는 등 각색에 상당한 창작의 자유와 재량권을 갖고 있었고, 연극 공연에 따른 로열티를 받기로 하였을 뿐만 아니라 연극 포스터에 별도로 각색작가로 표시되어 있는 점을 비추어 보면 고소인은 단순히 피고인의 '보조자'라기보다는 공동의 저작권자라고 보아야 하고, 따라서 이 사건의 최종대본은 2인 이상이 공동으로 창작한 저작물로서 각자의 이바지한 부분을 분리하여 행사할 수 없는 공동저작물에 해당한다고 판단하였다.

판단 3. 공동저작권자 사이에 저작권침해행위가 성립하는가?

공동저작물의 저작권은 그 저작권자 전원의 합의가 없으면 행사할 수 없다. 피고인은 고소인과의 합의 없이 해당 공동저작물을 뮤지컬 '친정엄마'의 공연에 사용하였으므로 그 행위는 규정을 위반하는 위법행위가 된다. 그러나 공동저작물을 저작권자 전원의 합의 없이 행사하는 것은 단지 저작권의 행사방법에 대한 규정을 위반하는 것일 뿐 저작권의 침해행위에는 해당하지 않는다고 판시하였고, 따라서 고소인은 피고인에게 손해배상을 청구하는 등의 민사상의 책임을 물을 수 있으나, 피고인에게 징역 또는 벌금을 처하게 하는 형사상의 책임은 물을 수 없다고 결정하였다.

이에 법원은 피고인에게 무죄를 선고하였다. 이후 검사는 항소하였으나 기각되었고, 최종적으로 원심판결이 확정되었다. 형사소송은 여기에서 마무리되었으나 별도로 진행한 민사소송[55]에서 이 둘은 다시 만난다. 민사소송에서는 소송의 당사자를 고소인과 피고인이라고 부르지 않고 원고와 피고로 부르므로 지금부터는 각색작가를 원고, 수필작가를 피고라고 하겠다. 민사소송에서 원고는 다음과 같은 주장을 법원에 청구하였다. 피고는 극본의 저작권자가 아니므로 극본을 저작하였다거나 각본을 담당하였다는 표현을 사용하면 안 되고, 이를 인쇄, 제본, 배포, 발매해서도 안 되며, 극본을 이용한 연극이나 뮤지컬 등의 공연도 제작, 공연, 상영하거나 제삼자로 하여금 제작, 공연, 상연 등을 하도록 허락하여서 안 된다고 주장하였다. 그리고 피고는 원고에게 손해액 등 2억 원을 지급하라고 청구하였다.

그러나 법원은 각색작가인 원고의 청구를 일부만 받아주었는데, 피고는 극본에 관하여 단독으로 저작하였거나 각본을 담당했다는 표현을 사용할 수 없고, 피고 단독으로는 제삼자로 하여금 극본을 이용한 연극, 뮤지컬 등 공연이나 영화 같은 영상물을 제작, 공연, 상연하도

55 서울남부지방법원 2013. 2. 19. 선고 2011가합10007 판결

록 허락해서는 안 된다고 하였다. 즉, 이는 원고가 공동저작권자이므로 피고 단독으로 저작권을 행사하지 말라는 의미이다. 또한 법원은 손해액은 2,350만 원과 이자상당액으로 하며 원고의 나머지 청구는 모두 기각하고 소송비용은 각자 부담하라고 주문하였다.

업무상저작물은 누가 저작자일까?[56]

이번 사건은 예술감독과 발레안무가 사이의 저작권 분쟁을 다룬 사건으로 회사 또는 단체와 계약하여 예술활동을 하는 예술인에게 자주 발생할 수 있는 사건이다. 사실관계는 다음과 같다. 예술감독이 아이디어를 주었고, 발레안무가는 그 아이디어를 받아 발레 안무를 만들어 예술감독과 함께 발레작품을 공연하였다. 해당 공연 이후 예술감독은 발레안무가의 동의 없이 발레작품을 추가로 공연하였고, 발레안무가는 자신의 허락 없이 해당 발레작품을 공연하는 것은 저작권을 침해하는 것이라는 취지를 예술감독에게 통지한 후 발레작품에 대하여 한국저작권위원회에 저작권등록을 하였다. 이에 예술감독은 발레작품의 저작권은 자신에게 있고, 따라서 한국저작권위원회에 등록한 저작권등록을 말소하라는 취지로 민사소송[57]을 진행하였다. 지금부터 예술감독을 원고로, 발레안무가를 피고로 표현하겠다.

이 사건의 쟁점은 첫 번째 원고가 이 사건 발레작품의 저작자 또는 공동저작자인지 여부와 두 번째 이 사건 발레작품이 원고의 업무상저작물에 해당하는지 여부이다. 원고는 해당 발레작품은 자신이 저

---

56 한국저작권위원회 저작권판례자료 중 「공동저작물 및 업무상저작물의 판단기준(발레 안무 사건)」 참고

57 서울고등법원 2016. 12. 1. 선고 2016나2020914 판결

작자이거나 피고와 함께 공동저작자이고, 만약 저작자나 공동저작자가 아니라 하더라도 이는 업무상저작물이므로 저작권침해가 아니라는 것이다. 업무상저작물이란 법인이나 단체 및 그 밖의 사용자(이하 '법인 등')의 기획하에 법인 등의 업무에 종사하는 자가 업무상 작성하는 저작물을 말한다. 법인 등의 명의로 공표되는 업무상저작물의 저작권자는 원칙적으로 그 법인 등이 되고, 법인 등과 저작물을 작성한 업무 종사자가 계약, 근무규칙 등에서 저작권자에 대해 정한 바가 있다면 그에 따라 저작자가 결정된다. 이제 쟁점마다 법원은 어떻게 판단했는지 살펴보자.

판단 1. 예술감독은 발레작품의 저작자 또는 공동저작자인가?

판례에 따르면 원고가 이 사건 발레작품의 공연에서 제작을 기획하고 제작과정 및 공연에 이르기까지 전체적인 조율과 지휘, 감독한 사실은 인정하였다. 그러나 저작권법의 저작자는 저작물을 창작한 자를 가리키므로 단순히 창작의 힌트나 주제를 제공한 것에 불과한 자는 저작자라고 할 수 없으므로 원고는 저작자가 아니라고 판단하였다. 또한 공동저작물은 2인 이상이 공동으로 창작한 저작물로서 각자가 이바지한 부분을 분리하여 이용할 수 없는데, 발레는 무용, 음악, 의상, 조명, 무대장치 등이 결합하여 있는 종합예술의 장르에 속하고 복수의 저작자에 의하여 외관상 하나의 저작물이 작성된 경우이기는 하나 복수의 저작자들 각자의 이바지한 부분이 분리하여 이용될 수도 있다는 점에서 결합저작물에 해당한다고 판시하였다. 따라서 원고가 비록 발레제작의 전체를 지휘하고 책임지는 제작자라고 하더라도 그가 발레의 완성에 창작적으로 기여한 바가 없는 이상 저작권자라고 볼 수 없다고 판단하였다.

판단 2. 발레작품은 업무상저작물에 해당하는가?

원고는 비록 자신이 무용의 창작에 기여한 바가 없다고 하더라도 이는 업무상저작물이므로 자신이 저작자가 된다고 주장하였다. 예를 들어 회사의 근로자가 회사의 지시에 따라 업무상 창작하여 저작물을 만들었고, 그 저작물을 회사의 명의로 공표하였다면 해당 저작물의 저작자는 원칙적으로 회사가 된다는 것이다. 따라서 원고는 피고에게 업무상 발레 저작물을 창작하라고 지시하였고 피고가 원고의 지시에 따라 저작물을 만들었으므로 원칙적으로 해당 저작물의 저작자는 원고 자신이라는 주장이다. 그러나 피고와 원고는 공연기획자와 프리랜서의 관계이고, 근로계약서의 작성도 없었으며, 원고는 퇴직금을 지급하지도 않았다. 또한 원고가 피고에게 지급한 금액은 급여 명목으로 지급되었다고 단정하기 어렵고, 피고는 계약 기간에도 피고의 발레학원을 계속 운영한 것으로 보아 고용관계가 있다고 볼 수 없으므로 법원은 해당 무용저작물은 업무상저작물에 해당하지 않으므로 원고는 저작자가 아니라고 결정하였다.

예술활동을 하는 예술인은 프리랜서의 지위에서 예술활동을 하는 경우가 많다. 따라서 법인 등과 예술인 프리랜서가 계약하고 예술인이 창작활동을 통해 저작물을 만든다면 프리랜서는 저작권법에서 말하는 업무 종사자가 아니며, 각 계약 당사자가 동등한 위치에서 계약하므로 그 저작물에 대한 권리는 당연히 예술인이 갖는다. 단지, 계약의 내용에 따라 저작권을 법인 등에 팔거나 빌려줄 수 있을 뿐이다. 그러나 프리랜서가 아닌 근로자로서 업무상저작물을 만든다면 이는 반드시 저작물에 대한 계약을 통해 권리자를 명확히 하는 것이 중요하다. 이 책의 4장과 5장에서는 프리랜서와 근로자는 형식이 아닌 실질에 따라 종속성 여부로 구분된다고 설명하였다. 따라서 실무에서 계약할 때는 프리랜서 예술인이라 하더라도 저작물의 권리자에 대하여 명확히 하는 것이 추후 분쟁을 예방할 수 있다.

실질적 유사성과 윤리적 도덕성[58]

해 지는 변산의 바다는 어디에서 바라보아도 아름답지만, 특히 도청리의 솔섬은 붉은 노을과 바위섬의 실루엣이 만들어내는 조화로 숨이 막힐 듯하다. 아름다운 서해의 일몰을 보기 위한 여러 포인트 중에서 외변산의 솔섬은 외로운 바위섬과 그 위에 자라난 소나무가 조화를 이루어 마치 영화 속의 한 장면과 같은 광경을 연출한다.[59] 이렇듯 솔섬은 대한민국 바다 위에 떠 있는 듯한 아름다운 작은 무인도이며, 그 주변은 많은 사람이 솔섬을 보기 위해 여행하는 장소이다. 저작권 소송에 관하여 얘기하다가 왜 갑자기 이런 여행명소 이야기를 할까? 바로 이번 사건의 중심에는 솔섬이 있기 때문이다.

사실관계는 다음과 같다. 영국 출신의 사진작가는 2007년에 촬영한 솔섬사진작품[60]에 대한 국내 저작권을 국내에서 갤러리를 운영하는 개인사업자에게 양도하였다. 그리고 2010년 아마추어 사진작가는 자신이 촬영한 솔섬사진작품[61]을 공모전에 출품하여 당선되었고, 이

58 한국저작권위원회 저작권판례자료 중 「솔섬사진의 저작권침해 사건」 참고
59 최정규, 박성원, 정민용, 박정현, 「죽기 전에 꼭 가봐야 할 국내 여행 1001」, 마로니에 북스, 2010, 네이버 지식백과 페이지
60 마이클 케나의 사진작품 「소나무(Pine Trees)」
61 김성필씨의 사진작품 「아침을 기다리며」

사진은 어느 주식회사의 광고에 배경으로 사용되었다. 영국 출신 사진작가의 솔섬사진과 아마추어 사진작가의 솔섬사진은 완전히 별개로 촬영된 것이었지만, 두 솔섬사진이 우연히도 비슷하게 보였고, 이에 갤러리를 운영하는 개인사업자는 광고의 주체인 주식회사를 상대로 사진 저작권침해로 인한 손해배상의 청구를 취지로 민사소송[62]을 진행하였다. 지금부터는 갤러리를 운영하는 개인사업자를 원고로 부르고, 광고의 주체인 주식회사를 피고로 부르겠다.

이 판례에서 논하였던 쟁점은 원고가 저작권자인지 여부, 원고가 저작권자가 맞는다면 두 솔섬사진 사이에는 실질적 유사성이 있는지 여부 그리고 피고의 행위가 원고의 경제적 이익을 침해하는 부정경쟁 행위에 해당하는지 여부이다. 그러나 이 책에서는 쟁점 중 실질적 유사성이 있는지 여부를 어떻게 판단하였는지만 살펴보겠다. 법원은 두 솔섬사진 사이에 실질적 유사성이 있는지를 판단하기 위하여 창작적 표현 형식에 해당하는 요소를 분리하여 각각 대비하는 방법과 저작물을 전체적으로 대비하는 방법을 취하였다. 이제 두 방법에 따른 법원의 판단을 확인해보자.

판단 1. 창작적 표현 형식에 해당하는 요소를 분리하여 각각 대비하였을 때 실질적 유사성이 인정되는가?

창작적 표현 형식에 해당하는 요소란 원고의 사진저작물 중 피사체

---

62   서울고등법원 2014. 12. 4. 선고 2014나2011480 판결:항소기각

의 선정, 구도의 설정, 빛의 방향과 양의 조절, 카메라 각도의 설정, 셔터의 속도, 셔터 찬스의 포착, 기타 촬영방법, 현상 및 인화 등에서 인정되는 창조성이 발현된 결과물을 의미하고, 법원은 창작적인 표현방식에 해당하는 부분을 가려낸 후 이를 피고의 공모전 사진과 대비하는 방법을 취하였다. 그러나 이 사건의 사진저작물과 공모전 사진은 창작성이 없거나 미약한 부분에서만 동일하고 유사할 뿐이고, 표현형식에 해당하여 실질적 유사성을 판단할 때 반드시 고려해야 하는 부분에서는 오히려 분명한 차이를 나타내고 있다고 판단하였다.

판단 2. 전체적으로 대비하였을 때 실질적 유사성이 인정되는가?

원고는 이 사건의 사진저작물과 공모전 사진이 솔섬과 그 반영의 형태, 색상, 윤곽선의 선명도와 번짐의 결합에 의한 조형미가 유사하여 전체적인 관념과 느낌이 유사하다고 주장하였다. 그러나 법원은 두 저작물이 보는 사람으로 하여금 첫인상이 비슷하다는 느낌을 갖게 하는 주된 이유는 동일한 자연물을 대상으로 촬영하였기 때문이라고 판단하였다. 원고의 주장대로 관념과 느낌이 유사하다고 하여도 이는 피사체의 선택 및 구도의 설정과 카메라 각도의 설정에 대부분 종속되는 것으로서 솔섬과 같이 고정된 자연물이나 풍경을 대상으로 하면 누가 촬영하더라도 같거나 유사한 결과를 얻을 수 밖에 없다는 것이다. 그리고 두 저작물은 비록 같은 솔섬을 촬영하였으나 사진저작물은 수묵화와 같은 정적인 인상 또는 느낌이고, 공모전 사진은 일출 시의 역동적인 인상 또는 느낌이므로 명백한 차이가 드러나 유사하지 않은 것으로 판단하였다.

　정리하면 법원은 사진저작물에서 창작적 표현 형식에 해당하는 요소를 각각 분리하여 대비하거나 저작물을 전체적으로 대비하는 두 가지 방법으로 모두 판단하더라도 원고의 사진저작물과 피고의 공모전 사진에는 분명한 차이가 나타나므로 실질적 유사성은 인정되지 않는다고 판단하였다. 실질적 유사성이 없으므로 원고의 저작권침해 주장은 당연히 받아들여지지 않았다. 법적으로는 저작권침해가 없다고 결정된 것이다. 그러나 예술은 법적으로만 판단할 수 있는 것은 아니다. 실제로 몇몇 사진작가와 사진평론가는 위 판례를 비판하기도 하였다. 예술을 바라보는 시각은 법의 판단과 다른 차원에서 바라볼 수도 있으므로 법적인 판단만 가지고 저작권침해 여부를 결정할 순 없다는 것이다. 그렇다면 예술을 하는 사람들은 어떤 기준을 갖고 저작권침해 여부를 판단할까? 바로 윤리적 도덕성이다.

　2005년 팝가수 엘튼 존이 구매해 널리 알려진 소나무 작가 배병우 씨는 "법적인 결론을 떠나 가슴에 손을 얹고 답해보라"며 "케나가 없었다면 그 사진이 존재할까를 돌아봐야 한다"고 말했다. 사진기술이 발달할수록 비슷한 사진은 늘어날 수밖에 없다. 평론가들은 뒤따라

찍는 이들의 도덕성을 강조한다.[63] 물론 도덕성의 판단은 작품을 바라
보는 사람보다는 예술가 스스로 판단할 수밖에 없을 것이다.

63　"'완전히 베꼈다' 대 '창작의 자유다'… '솔섬 사진' 법정 2라운드", 〈조선일보〉, 2014.05.,
　　〈http://news.chosun.com/site/data/html_dir/2014/05/23/2014052302408.html?news_
　　Head1_01〉(접속일:2020.04.17.)

08

세금!
이건 알고 내야지

예술과 소득

우리는 과거 유명한 화가들의 작품이 천문학적인 금액에 거래되는 소식을 종종 듣곤 한다. 그리고 저 찢어지게 가난한 삶을 살았던 예술가가 지금까지 살아있더라면 큰 부를 얻었을 것이라고 안타까운 마음으로 생각한다.[64] 그러나 우리는 알고 있다. 그가 죽었기 때문에 작품의 가치가 높아졌다는 것을, 그리고 힘겨운 삶을 살았기에 그런 작품이 나올 수 있었다는 것을 말이다. 경제적으로 어려운 환경에서 예술활동을 했던, 그리고 그랬기에 걸작이 나올 수 있었던 과거의 예술들을 보면 느낄 수 있듯이 예술과 소득은 서로 어울리는 단어가 아닌 것처럼 보인다. 높고 안정적인 소득수준을 바란다면 직업으로서 예술이 아닌 다른 일을 하는 것이 좋을 것이며, 돈을 많이 벌기 위해 예술을 한다면 이는 예술의 본질과 괴리될 수 있기 때문이다. 물론 돈만 좇아 예술활동을 한다면 좋은 결과물도 얻을 수 없을 것이다.

그러나 시대는 변했다. 이제 예술과 소득은 서로 떨어질 수 없는 그런 관계가 되었다. 훌륭한 예술가들은 사후가 아닌 현재 그에 맞는 높은 보상을 원하며 예술활동에 최소한의 소득이 따라오지 않는다

---

64   예술을 잘 모르는 저자만의 생각일 수도 있다.

면 예술을 하지 않는 예술가도 있을 것이다. 찢어지게 가난한 환경에서 예술을 했던 과거 예술가도 현재를 살았다면 높은 소득수준에서 예술활동을 했거나 아니면 다른 직업을 선택했을 수도 있다. 그러나 예술과 소득이 서로 떨어질 수 없듯이 소득과 세금도 서로 떨어질 수 없는 관계이다. 소득 있는 곳에 세금 있다는 과세 원칙에 따라 가난했기 때문에 세금과 아무 관련 없이 삶을 마무리한 과거 예술가와는 달리 현재 예술가들은 자신의 소득에 대하여 스스로 세금을 내야 한다.

  개인의 소득에 대한 소득세는 여러 종류의 세법 중 소득세법에서 규정하고 있으며, 현행 우리나라 소득세법은 납세의무자 스스로 세금을 신고하고 납부하는 신고납세제도를 채택하고 있다. 따라서 예술인은 매년 1월 1일부터 12월 31일[65]까지 발생한 소득에 대하여 다음 연도 5월[66]에 자신의 세금을 스스로 신고하고 납부하여야 한다. 최소한의 법률 내용을 다루는 이 책에서 개인의 소득에 대한 세금인 소득세와 관련된 내용은 당연히 완벽하진 않을 것이다. 그러나 최소한 예술활동을 하는 예술인이 알고 있으면 세법상 불이익을 받지 않을 정도의 세금과 관련된 지식 정도는 충분히 소개하겠다. 예술인의 세금은 어떻게 계산되는지에 대하여 우선 이번 장에서 살펴보도록 하고, 이후에 원천징수와 관련된 내용과 실제로 종합소득세 신고안내

---

65 소득세의 과세기간은 매년 1월 1일부터 12월 31일까지이다.
66 납세의무자는 해당 과세기간의 다음 연도 5월 1일부터 5월 31일까지 종합소득세 과세표준 확정신고를 하여야 한다.

문을 받고 종합소득세 신고를 어떻게 해야 하는지에 관한 내용을 다루겠다.

소득의 종류

소득세의 계산구조에 대하여 알아보기 전 소득의 종류를 먼저 살펴보자. 법률에 열거된 소득에 대해서만 과세하는 열거주의를 채택하는 현행 우리나라 소득세법은 소득의 종류를 이자소득, 배당소득, 사업소득, 근로소득, 연금소득, 기타소득, 퇴직소득, 양도소득 이렇게 총 여덟 가지로 구분하였다. 이 중 이자소득, 배당소득, 사업소득, 근로소득, 연금소득, 기타소득은 종합소득으로서 모두 합쳐 종합소득으로 과세하고, 퇴직소득과 양도소득은 종합소득에 합쳐지지 않고 별도로 분류하여 과세한다. 소득을 여덟 가지로 구분한 이유는 소득세법은 그 법률에 열거된 소득에 대하여만 과세하므로 열거주의의 특성상 소득을 소득의 성격별로 구분하지 않으면 공정하고 효율적인 과세가 되지 않기 때문이다.

여덟 가지의 소득의 종류 중 예술활동을 통해 얻을 수 있는 소득은 사업소득과 근로소득 그리고 기타소득이다. 우선 근로소득은 사용자에게 종속되어 근로를 제공함으로써 받는 급여이므로 근로계약을 통해 회사에 소속되어 있는 근로자에게 발생한다. 추가로 근로소득만 있는 근로자는 회사에서 연말정산을 하면 종합소득세 신고의무를 면제받으므로 종합소득세 신고를 할 필요가 없다. 기타소득은 일시적·우발적으로 발생하는 소득이므로 예술활동을 계속적·반복적으로 한다면 발생하지 않는다. 따라서 대부분의 예술활동을 통한 소득은 사업소득이 된다. 열거주의를 채택하는 소득세법은 예술 관련 서비스업에서 발생하는 소득은 사업소득에 해당한다고 열거하였다. 또한, 이와 유사한 소득으로서 영리를 목적으로 자기의 계산과 책임 하에 계속적·반복적으로 행하는 활동을 통하여 얻는 소득은 사업소득에 해당한다고도 규정하고 있다. 정리하면 소득의 종류는 여덟 가지가 있고, 그중 종합소득으로 구분되는 소득은 여섯 종류이며, 여섯 종류의 소득 중 예술활동을 통해 얻는 소득은 대부분 사업소득을 구성한다고 결론 내릴 수 있다.

소득의 구분과 관련하여 예술인에게 발생할 수 있는 이슈 두 가지만 더 확인하겠다. 첫 번째는 사업소득과 기타소득의 구분이다. 예술인이 예술활동을 하다 보면 보통은 대가의 3.3%를 원천징수[67]하고 받거나 부가가치세를 대가에 더하여 받고 세금계산서를 발급해 준다. 그러나 예술활동의 대가를 받을 때 8.8%를 원천징수[68]하고 받는 때도 있다. 이는 예술인에게 발생할 수 있는 소득의 구분과 관련된 이슈 첫 번째, 바로 사업소득과 기타소득의 구분에 관한 내용이다. 사업소득과 기타소득을 구분하는 가장 중요한 차이는 계속적·반복적인지와 일시적·우발적인지다. 계속적이고 반복적인 활동을 통한 소

---

67 사업소득의 원천징수세율
68 기타소득에서 필요경비와 원천징수세율을 고려한 원천징수율

득은 사업소득을 구성하고, 일시적이고 우발적인 활동을 통한 소득은 기타소득을 구성한다. 사업소득과 기타소득의 차이에 대하여 예를 들어보자. 고용관계 없이 수당 또는 대가를 받고 제공하는 용역을 어쩌다 한번 제공하였다면 기타소득이 되는데, 예술인이 대학에서 특강을 하는 경우, 예술인이 연기 심사를 하는 경우, 예술인이 라디오나 텔레비전에서 해설하는 경우 등이 있다. 그러나 이는 일시적·우발적이어야 하고, 강사라는 직업으로서 강의한다거나 심사위원을 수시로 한다거나 라디오 또는 텔레비전에 고정으로 출연하는 경우에는 당연히 사업소득으로 구분되어야 한다.

두 번째는 저작권과 관련된 수입에서 소득의 구분이다. 저작권, 저작인접권과 관련하여 발생하는 소득은 기본적으로 사업소득으로 판단하면 된다. 그러나 저작자 또는 실연자, 음반제작자, 방송사업자 외의 자가 저작권 또는 저작인접권과 관련하여 소득이 발생한다면 이는 기타소득으로 구분한다. 예를 들어 음악을 작곡하여 저작권을 갖는 작곡가인 저작자가 저작권으로부터 소득이 발생한다면 이는 사업소득에 해당하지만, 해당 작곡가가 사망하여 작곡가의 권리가 배우자 또는 자녀 등에게 상속되었다면 저작권을 상속받은 자는 그 음악 저작권에 대하여 저작자 또는 실연자, 음반제작자, 방송사업자가 아니므로 저작권을 상속받은 자가 얻는 저작권 소득은 기타소득에 해당한다.

소득세의 계산구조

앞서 소득세법에 따른 소득의 종류는 여덟 가지이고, 이 중 여섯 가지는 종합소득으로 합쳐져 과세된다고 하였다. 이 책에서는 여섯 가지의 소득 중 예술활동을 통한 소득인 사업소득만 있다고 가정하겠다. 사업소득만 있다는 가정하에 소득세는 다음과 같이 계산된다.

총수입금액
− 필요경비
_____

사업소득금액(=종합소득금액)
− 소득공제
_____

과세표준
× 세율
_____

산출세액
− 세액공제
_____

결정세액
+ 가산세
_____

총결정세액
− 기납부세액
_____

납부세액(또는 환급세액)

계산구조가 복잡해 보이지만 지금부터 내용을 이해하면 그리 어렵지 않다. 이제 하나하나 살펴보자. 가정에 사업소득만 있다고 하였으므로 사업소득금액이 곧 종합소득금액[69]이 된다. 여기에서 중요한 내용은 사업소득은 사업소득금액이 아니라는 것이다. 사업소득은 소득을 구분하는 범주의 개념이고, 사업소득금액은 총수입금액에서 필요경비를 뺀 금액을 말한다. 여기에서 총수입금액은 해당 과세기간 수입하였거나 수입할 금액의 합계액이며, 필요경비는 총수입금액을 발생시키기 위하여 지출된 금액을 의미한다. 즉, 사업소득금액은 예술활동을 통해 최종적으로 남은 이익을 말한다.

소득세는 사람에게 부과하는 인세[70]이다. 따라서 개인의 사정을 고려하여 최종적인 세부담이 결정되는데 이러한 차이를 만드는 것이 소득공제와 세액공제이다. 실제로 소득공제와 세액공제는 개인의 사정을 고려해줄 뿐 소득세의 계산구조에서 예술활동과는 크게 관련이 없는 항목이다. 두 명의 예술인이 예술활동을 통한 이익인 사업소득금액이 같더라도 둘 중 부양가족이 많고, 자녀가 많은 예술인이 그렇지 않은 예술인보다 최종적인 세부담은 적게 된다는 의미이다.

종합소득금액에서 소득공제를 뺀 금액이 과세표준이며, 모든 세법

---

69 종합소득금액은 이자소득금액, 배당소득금액, 사업소득금액, 근로소득금액, 연금소득금액, 기타소득금액을 모두 합친 금액이다. 사업소득금액을 제외한 다른 소득금액이 없으므로 사업소득금액이 종합소득금액이 된다.

70 인세와 반대로 물건에 부과하는 세금은 물세라고 하며 부가가치세가 대표적이다. 물세는 개인의 사정을 고려하지 않는다.

에서 과세표준은 세율을 곱하기 직전의 금액을 말한다. 과세표준에 세율을 곱하면 산출세액이 계산되고, 여기에서 세액공제를 차감한다. 산출세액에서 세액공제를 차감하면 결정세액이 된다. 결정세액에서 가산세를 더하면 총결정세액이 되는데 가산세가 없다면 결정세액과 총결정세액은 같아진다. 총결정세액은 개인이 실질적으로 부담하는 세액이고, 여기에서 원천징수 또는 중간예납을 통해 미리 세무서에 납부해 놓은 세금이 있다면 이를 기납부세액으로 뺀다. 총결정세액이 기납부세액보다 크다면 납부세액이 발생하고, 반대면 환급세액이 발생한다.

총수입금액과 필요경비

소득세 계산의 전반적인 구조를 알았다면 지금부터는 세부적으로 들어가 보겠다. 우선 알아야 할 것은 바로 사업소득금액 즉, 종합소득금액을 결정하는 요소인 총수입금액과 필요경비에 관한 내용이다. 총수입금액을 먼저 살펴보자. 총수입금액은 예술활동을 통해 수입된 금액 전액을 의미한다. 보통 예술활동을 통해 대가를 받는 경우 대가를 지급하는 자는 3.3%를 원천징수하고 대가를 지급한다. 여기에서 총수입금액은 3.3%를 원천징수하기 전의 금액, 계약금액 전액을 말한다. 예를 들어 100만 원의 대가를 받기로 계약했다면 대가를 지급하는 자는 예술인에게 96만7천 원을 지급하게 되는데, 총수입금액은 96만7천 원이 아닌 100만 원이라는 것이다. 또한, 예술인이 사업자등록을 한 사업자라면 대가를 받을 때 세금계산서를 발급해 주고[71] 부가가치세를 함께 받게 되는데 이때 총수입금액은 부가가치세는 제외한 금액이다.

예술인의 총수입금액을 결정하는데 중요한 요소는 프리랜서는 원천징수이고, 사업자는 부가가치세 신고이다. 총수입금액은 원천징수

---

71 부가가치세법에 따르면 대가를 받을 때가 아닌 재화 또는 용역을 공급하는 때 세금계산서를 발급하여야 한다. 세금계산서의 발급은 대가를 받았는지와는 관계없다.

또는 세금계산서의 발행으로 금액이 결정되고, 과세관청도 이 금액을 쉽게 파악할 수 있다. 따라서 총수입금액을 결정하는 것은 그리 어려운 일이 아니다. 그러나 지금부터 알아볼 필요경비는 총수입금액에 대응하는 비용으로서 예술인 스스로 필요경비를 판단하고 계산하여야 한다. 사업소득금액을 계산할 때 필요경비에 포함할 금액은 해당 과세기간의 총수입금액에 대응하는 비용으로서 일반적으로 용인되는 통상적인 것의 합계액으로 한다. 다음은 소득세법에 열거된 필요경비에 해당하는 항목 중 예술활동과 관련 있는 항목으로서 저자가 조금 변형을 가하였다.

1. 예술활동에 대응되는 예술활동비와 그 부대비용

2. 사업과 관련 있는 공과금

3. 지역가입자로서 부담하는 보험료

4. 사업과 관련 있는 보장성 보험료

5. 사업용 자산에 대한 관리, 유지비와 감가상각비

6. 총수입금액을 얻기 위하여 직접 사용된 부채에 대한 이자

7. 업무와 관련된 해외시찰 및 훈련비

8. 조합, 협회에 지급하는 회비

9. 그 밖에 총수입금액에 대응하는 경비

위 내용에서 몇 가지 부연 설명을 하자면 지역가입자로서 부담하는 보험료는 국민연금보험료는 제외하며[72] 건강보험료와 노인장기요양보험료를 포함한다. 사업과 관련 있는 보장성 보험료는 예술인복지법에 따라 산재보험에 가입한 경우 산재보험료와 그 밖에 예술활동과 관련 있는 보장성 보험료가 포함된다. 또한, 예술인은 배우조합, 작가협회 등 조합이나 협회에 가입하는 때도 있는데 이때 내는 회비도 필요경비가 될 수 있다. 소득세법은 열거주의를 취하므로 필요경비와 관련된 내용도 규정에 열거하고 있으나 마지막에 '그 밖에 총수입금액에 대응하는 경비'를 열거함으로써, 지출액이 예술활동과 관련이 있다면 필요경비에 포함될 수 있음을 의미하고 있다.

이제 우리는 총수입금액과 필요경비가 무엇인지 알았으니 총수입금액에서 필요경비를 뺀 금액인 사업소득금액을 계산할 수 있을 것이다. 실무에서 총수입금액은 원천징수 또는 부가가치세 신고를 통하여 과세관청이 모두 파악하고 있으나 필요경비는 예술인이 스스로 지출액 중 필요경비에 해당하는지 즉, 예술활동과 관련이 있는지를 판단하여 계산하여야 한다. 필요경비는 사업소득금액을 낮춰 세부담을 줄일 수 있으므로 예술인은 필요경비를 장부에 기록하고 지출액의 증빙을 보관하여야 한다.[73] 필요경비를 확인하고 입증할 수 있는 증빙은 카드사용내역, 보험료납부내역, 현금영수증, 공과금납부영수증, 이자지급명세서, 회비납부영수증, 통장내역(금융자료)이 있다. 그 밖에 필

---

72 국민연금보험료는 필요경비가 아닌 소득공제에서 공제된다.
73 세금을 스스로 신고하고 납부할 때 필요경비의 증빙을 세무서에 제출하는 것은 아니다.

요경비 지출액 중 객관적으로 확인되는 금액도 증빙이 될 수 있다.

　이렇게 실질적으로 발생한 총수입금액에서 실질적으로 사용된 필요경비를 뺀 금액을 직접 계산하여 사업소득금액을 계산하는 것이 원칙에 따른 방법이다. 원칙이 있다면 예외도 있는 법. 사업소득금액을 계산하는 때 예외적으로 실질에 따르지 않고 사업소득금액을 추정하여 계산하는 방법이 있다. 이를 추계에 따른 사업소득금액의 계산이라고 한다.

추계에 따른 사업소득금액 계산

소득세법에 따르면 사업소득금액은 총수입금액에서 필요경비를 뺀 금액으로 하고, 그 사업에 관한 모든 거래 사실이 객관적으로 파악될 수 있도록 장부에 기록, 관리하여야 하며, 필요경비에 관하여는 그 비용지출의 증명서류를 장부작성과는 별개로 5년간 보관하여야 한다. 즉, 실질에 따라 사업소득금액을 결정하고, 실질을 확인하기 위하여 장부를 작성하며 필요경비의 증빙서류를 보관해야 한다는 것이다.

따라서 원칙에 따라 사업소득금액을 계산하는 프리랜서 또는 개인사업자인 예술인은 장부를 작성하고, 장부와 증명서류에 따라 종합소득세 신고를 해야 하지만, 장부를 작성하지 않았거나 천재지변 또는 불가항력으로 장부와 증명서류가 없어졌다면 사업소득금액을 계산할 수 없는 경우가 발생한다. 사업소득금액을 장부와 증명서류에 따라 계산하지 않은 때에는 세법에 따라 추계의 방법으로 사업소득금액을 계산할 수 있다. 추계의 방법에 따라 종합소득세 신고를 하는 것을 추계신고라고 한다.

추계란 추정하여 계산한다는 것인데 총수입금액에서 필요경비를 뺀 금액인 사업소득금액의 계산에서 과연 무엇을 추정하는 것일까?

총수입금액은 앞서 설명한 대로 원천징수와 부가가치세 신고로 확인
되므로 굳이 추정할 필요가 없다. 따라서 추정하는 것은 바로 필요
경비이다. 필요경비의 추정은 확인된 총수입금액에서 업종별 경비율
을 곱하여 계산되고, 확인된 총수입금액에서 추정 계산된 필요경비
를 빼서 사업소득금액을 계산한다. 따라서 추계에 따른 사업소득금
액 계산에서 가장 중요한 요소는 업종별 경비율인데, 다음은 국세청
에서 고시하는 2021년도 귀속 예술 관련 서비스업의 업종별 경비율
이다.[74]

예술 관련 서비스업의 경비율

업종코드	적용범위	단순경비율	기준경비율
921401	공연 기획업	85.0	23.9
921402	무용 및 음악 단체	94.3	22.7
921403	연극단체	96.7	23.7
921405	공연 및 제작 관련 대리업	83.5	25.2
921406	그 외 기타 창작 및 예술 관련 서비스업	83.5	28.0
921407	기타 공연단체	94.3	20.2
921901	공연시설 운영업	85.1	14.8
923200	박물관 운영업	89.1	19.1

---

74   이 책 제13장 「사업자등록」 참고

위 경비율은 사업자등록을 한 사업자인 예술인에게 적용되는 경비율이다. 하나하나 살펴보면 우선 업종코드 '921401'은 공연 기획업으로서 공연예술행사를 기획, 조직 및 관리하는 산업활동을 말하며, 공연시설을 소유할 수도 있다. 업종코드 '921402'는 무용 및 음악 단체를 운영하는 산업활동을 말하며, 예를 들면 무용단, 국악단, 발레단, 밴드, 오케스트라 등이 있다. 업종코드 '921403'은 실황극을 공연하는 공연단체를 운영하는 산업활동을 의미하며 연극단, 뮤지컬극단, 오페라극단, 코미디극단 등이 대표적이다. 다만 독립적인 자영 연예인 활동 즉, 프리랜서인 경우는 제외한다. 업종코드 '921901'은 공연시설을 운영하면서 자체 제작한 공연을 하는 산업활동을 말한다. 여기에서 공연시설의 운영은 단기간 공연장을 대관하고 수수료를 받는 경우는 포함하지만, 공연장 대관이 주된 산업활동인 경우는 제외한다. 공연장 대관을 주로 하는 사업은 예술 관련 서비스업이 아닌 임대업으로 분류되기 때문이다. 업종코드 '923200'은 일반 대중에게 미술품, 조각품, 문화재 등을 진열하여 관람시키는 시설을 운영하는 산업활동을 말하며, 박물관, 미술관, 예술품전시관 등이 있다.

실무에서 보면 예술 관련 서비스업에 종사하는 사업자는 보통 추계에 따른 방법으로 사업소득금액을 계산하지 않고, 실질에 따른 방법으로 사업소득금액을 계산한다. 우선 사업자를 운영하는 경우 장부를 작성하고 필요경비에 따른 증빙을 보관하는 사례가 많다. 높은 단순경비율을 적용하면 사업소득금액을 줄일 수 있으므로 추계로 신고하는 것이 더 유리하다고 판단할 수도 있다. 그러나 추계로 신고하는 경우 무기장가산세라는 불이익이 있고, 대부분 높은 단순경비율을 적용받지 못하고, 낮은 기준경비율을 적용받는다. 실질적으로 경비율을 이용한 사업소득금액의 계산은 사업자등록을 하지 않고 예술활동을 하는 프리랜서 예술인에게 오히려 의미가 있는데 예술활동을 하는 프리랜서의 업종별 경비율을 확인해보자.

예술 관련 인적용역 제공자의 경비율

업종코드	적용 범위	단순경비율		기준경비율
		일반율	초과율	
940100	작가	58.7	42.2	15.5
940200	화가 및 관련 예술가	72.3	61.2	17.8
940301	작곡가, 작사가 등	54.3	36.0	11.6
940302	배우, 성우 등	34.0	7.6	11.6
940303	모델, 광고모델	45.9	24.3	11.3
940304	가수	27.3	4.4	7.7
940305	성악가, 연출가 등	53.1	34.3	19.5
940500	연예보조서비스	70.9	59.3	20.3

업종코드별 상세히 그 내용을 살펴보면 다음과 같다. 업종코드 '940100'은 저술가인 작가를 말하며, 학술과 문예에 관한 번역수입을

포함한다. 업종코드 '940200'은 화가 및 관련 예술가로서 회화, 서예가, 조각가, 만화가, 삽화가, 도예가를 의미한다. 업종코드 '940301'은 작곡가, 편곡가, 작사가 그리고 각색영화편집자를 말하고, 업종코드 '940302'는 배우, 탤런트, 성우, MC, 코미디언, 개그맨, 만담가를 말하며, 업종코드 '940303'은 모델을 말하는데 배우 등이 광고모델로 수입이 발생한다면 그 광고모델 수입을 포함한다. 업종코드 '940304'는 가수를 의미하며, 업종코드 '940305'는 성악가, 국악인, 무용가, 고전 음악연주가, 악사, 영화감독, 연출가를 의미한다. 업종코드 '940500'은 연예보조서비스로서 엑스트라와 조명, 촬영, 장치, 녹음, 분장 등 기타를 의미하는데, 엑스트라를 제외하면 예술인 중 기술지원 분야에 포함되는 예술인이 여기에 포함된다.

정리하면 사업소득금액은 원칙에 따라 총수입금액에서 실질적으로 확인되는 필요경비를 빼는 방법으로 계산하지만, 예외의 방법으로 총수입금액에서 총수입금액에 경비율을 곱한 금액을 필요경비로 하여 계산할 수도 있다. 추계의 방법에 따라 계산하는 경우 경비율은 기준경비율 또는 단순경비율을 적용하고, 단순경비율을 적용하는 경우 일반율과 초과율을 함께 적용한다. 그렇다면 과연 누가 단순경비율 적용대상자인지, 아니면 기준경비율 적용대상자인지가 사업소득금액의 계산에 있어 중요한 점이 되었는데 이는 10장에서 자세히 확인하겠다.

원칙 : 실질에 따른 사업소득금액 계산

➡ 총수입금액 – 필요경비

장부와 증명서류로 확인되는
금액으로 결정

**사업소득금액
계산 방법**

예외 : 추계에 따른 사업소득금액 계산

➡ 총수입금액 – 필요경비

기준경비율 또는 단순경비율에
따른 방법으로 결정

소득공제와 세액공제

사업소득금액은 총수입금액에서 필요경비를 뺀 금액이고 다른 소득이 없다는 가정에 사업소득금액은 종합소득금액이 된다. 종합소득금액이 결정되었으면 지금부터는 예술활동과 관련된 수입과 비용 등에 따라 예술인이 부담하는 세금이 결정되는 것이 아닌 개인의 사정을 고려하는 과정을 거치게 된다. 그 방법으로는 세율을 곱하기 전 소득금액에서 일정액을 빼는 소득공제와 세율을 곱한 후 산출세액에서 일정액을 빼는 세액공제의 방법이 있다. 우선 예술활동을 하는 예술인에게 적용할 수 있는 소득세법의 소득공제항목[75]에 대하여 알아보도록 하자.

예술활동을 통해 사업소득이 발생하는 예술인은 소득공제항목 중 인적공제[76]를 받을 수 있다. 부양가족에 대한 공제라고 생각하면 되는데 부양가족의 소득세법의 정확한 표현은 기본공제대상자이다. 인적공제 중 기본공제는 기본공제대상자 1인당 150만 원의 소득공제를 받을 수 있다. 따라서 누가 기본공제대상자인지를 판단하는 것이 중

---

75 소득공제는 여덟 가지 소득의 종류에 따라 공제항목의 적용 여부가 달라진다. 예를 들어 신용카드 소득공제는 근로소득이 발생하는 근로자만 적용받을 수 있고, 사업소득이 발생하는 사업자 또는 프리랜서는 적용받을 수 없다. 사업소득이 발생하는 자는 신용카드 지출액 중 사업과 관련이 있는 지출액은 필요경비에 포함할 수 있다.

76 인적공제는 종합소득금액이 있다면 누구나 받을 수 있다.

요한데 기본공제대상자는 소득금액이 100만 원 이하(근로소득만 있는 경우 총급여액이 500만 원 이하)인 다음의 사람을 의미한다.[77]

1. 본인[78]
2. 배우자
3. 만 60세 이상 직계존속
4. 만 20세 이하 직계비속(입양자 포함)
5. 만 20세 이하 또는 만 60세 이상 형제자매
6. 만 18세 미만 위탁 아동

추가공제는 기본공제대상자가 일정한 요건에 해당하면 추가로 공제액을 인정하는 것을 말한다. 여기에서 일정한 요건이란 만 70세 이상이거나 장애인인 경우를 말하며, 각각 100만 원, 200만 원의 공제액이 추가된다.

이제 다음 소득공제로 넘어가 보자. 예술활동을 하는 예술인은 대부분 사업소득이 발생하는데, 사업소득이 발생하는 자는 세법에 따라 적용받을 수 있는 소득공제항목이 사실 별로 없다. 인적공제와 함께 예술인이 적용받을 수 있는 소득공제는 연금보험료 공제인데 이는

---

77 사실 기본공제대상자의 범위를 규정하는 소득세법을 보면 간단하지 않다. 생계를 반드시 같이하여야 하는 경우도 있고, 그렇지 않은 경우도 있으며, 사실혼의 경우 적용이 안 되는 경우도 있고, 재혼한 경우 재혼 배우자의 자녀도 대상자 여부인지를 판단하여야 한다. 이 책은 기본공제대상자의 복잡한 판단까지는 다루지 않는다.

78 본인은 소득금액과 관계없이 무조건 기본공제대상자가 된다.

지역가입자로서 납부한 국민연금보험료에 대한 공제만을 의미한다.

　총수입금액에서 시작하는 소득세의 계산은 필요경비를 빼서 사업소득금액을 계산하고, 다른 소득이 없다는 가정에 사업소득금액은 종합소득금액이 된다. 종합소득금액에서 소득공제를 적용하면 과세표준이 계산되고, 과세표준에 소득세율[79]을 곱하면 산출세액이 계산된다. 이렇게 힘겹게 계산된 산출세액에서 이제 세액공제를 적용한다. 사업소득이 발생하는 예술인은 적용받을 수 있는 세액공제 항목도 그리 많지는 않은데, 이 책에서는 기장세액공제, 자녀세액공제, 연금계좌세액공제, 표준세액공제, 전자신고세액공제만 다루도록 하겠다.[80]

　기장세액공제는 간편장부대상자가 복식부기에 따라 장부를 작성하면 적용받을 수 있는 세액공제이다. 여기에서 간편장부대상자란 예술인의 경우 직전 연도 총수입금액이 7,500만 원[81] 미만인 자를 의미한다. 간편장부는 수입액은 더하고, 지출액은 빼는 가계부와 비슷한 장부를 의미하고, 복식부기에 따른 장부는 회계학에 따른 방법으로서 대변과 차변에 거래를 입력하는 방법으로 기록하는 장부이다. 간편장부대상자가 아닌 직전연도 총수입금액이 7,500만 원 이상인 예술인

79　2022년 현행 우리나라 소득세율은 6%에서 45%까지로, 초과누진세율구조를 채택하고 있다.

80　이 외의 세액공제는 총수입금액이 5억 원 이상이거나, 금융소득이 2천만 원을 초과하거나, 외국에 납부한 세액이 있는 경우 등 제한적인 상황에서 적용되는 세액공제이다.

81　예술 관련 서비스업이 아닌 경우 기준금액이 달라질 수 있다.

은 복식부기의무자가 되는데, 복식부기의무자는 당연히 복식부기에 따라 장부를 작성해야 하고 간편장부대상자는 간편장부만 작성해도 된다. 그러나 간편장부대상자가 복식부기에 따라 장부를 작성하였다면 산출세액의 20%를 100만 원의 한도 내에서 세액공제를 적용받을 수 있다. 간편장부대상자와 복식부기의무자에 대해서는 10장에서 자세히 살펴보겠다.

자녀세액공제는 소득공제되는 기본공제대상자 중 직계비속이 있는 경우 적용받을 수 있는 세액공제이다. 즉, 자녀가 있다면 소득공제도 받을 수 있고, 세액공제도 받을 수 있다. 자녀세액공제는 만 7세 이상의 자녀에 대하여 자녀 수에 따라 일정액을 세액공제하게 된다. 나이 기준이 만 7세 이상인 이유는 우리나라는 만 7세 미만의 자녀에게 수당을 지급하고 있으므로 세액공제까지 적용한다면 1명의 자녀에 대하여 보조금혜택과 세금혜택이 이중으로 적용되기 때문이다. 따라서 보조금을 받지 않는 만 7세 이상의 자녀에게만 세액공제규정이 적용된다. 세액공제액은 세액공제 받는 기본공제대상자인 직계비속이 1명인 경우 15만 원, 2명인 경우 30만 원, 3명 이상인 경우 30만 원에 1명당 30만 원씩 추가 공제된다.

연금계좌세액공제는 연금계좌에 입금한 금액이 있는 경우 납입액의 일정 비율을 세액공제하는 것을 말하며, 스스로 노후를 준비하는 것을 장려한다는 취지를 갖고 있다. 앞서 국민연금납입액에 대하여는 연금소득공제가 적용된다고 하였는데 연금계좌세액공제는 은행에서 쉽게 찾아볼 수 있는 세액공제요건에 충족하는 연금상품 즉, 사적연금에 대하여 세액공제를 적용한다. 연금계좌세액공제는 납세자의 나이, 소득, 퇴직연금 계좌납입 여부 등 여러 조건을 고려하여야 하므로 세액공제액은 상황에 따라 달라질 수 있다. 기본적인 납입액의 한도는 400만 원[82]이고, 세액공제액은 납입액의 12% 또는 15%를 공제하므로 최대 적용받을 수 있는 공제액은 48만 원 또는 60만 원이 된다.[83, 84]

국민연금납입액과 연금계좌납입액은 각각 소득공제와 세액공제로서 당장 과세하지 않고, 추후에 연금을 수령하는 때 연금소득으로서 과세된다. 세금은 늦게 납부할수록 그리고 적게 납부할수록 납세자에게 유리하다. 이러한 소득공제 또는 세액공제 후 연금 수령 시 과세하는 것은 과세이연 효과로써 세금을 늦게 납부하는 효과가 있을 뿐만 아니라 사업소득이 아닌 연금소득으로 과세되므로 실질적으로 세금을 적게 내는 효과도 있다.

마지막으로 보통 표준세액공제는 사업소득이 발생하는 예술인은 7만 원이 적용되며, 전자신고세액공제는 예술인 스스로 전자적 방

---

82 2023년 납입하는 분부터는 600만 원으로 법 개정이 예정되어 있다.

83 개정되는 경우 72만 원 또는 90만 원이 된다.

84 저자가 여러 예술인의 종합소득세 신고를 대리해본 결과 연금계좌세액공제가 예술인의 절세에 생각보다 큰 도움이 되었다.

법에 따라 종합소득세 신고를 하면 2만 원이 적용된다. 표준세액공제는 소득이 높은 성실신고대상자인 예술인의 경우 고려해야 할 사항이 몇 가지 있지만, 대부분 예술인은 7만 원이 세액공제된다고 보면 된다.

사업소득이 발생하는 예술인이 적용받는 소득공제

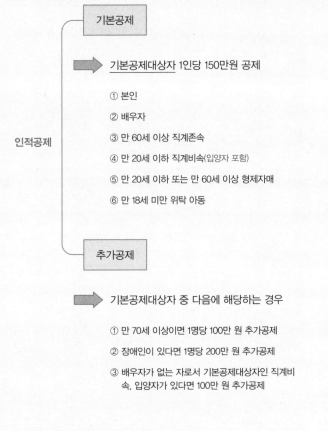

인적공제

기본공제

➡ 기본공제대상자 1인당 150만원 공제

① 본인
② 배우자
③ 만 60세 이상 직계존속
④ 만 20세 이하 직계비속(입양자 포함)
⑤ 만 20세 이하 또는 만 60세 이상 형제자매
⑥ 만 18세 미만 위탁 아동

추가공제

➡ 기본공제대상자 중 다음에 해당하는 경우

① 만 70세 이상이면 1명당 100만 원 추가공제
② 장애인이 있다면 1명당 200만 원 추가공제
③ 배우자가 없는 자로서 기본공제대상자인 직계비속, 입양자가 있다면 100만 원 추가공제

연금보험료
공제

➡ 납부한 국민연금보험료에 대한 소득공제

사업소득이 발생하는 예술인이 적용받는 세액공제

기장세액공제

간편장부대상자가 복식부기로 장부를 작성하는 경우 적용

세액공제액 = 산출세액 × 20% (한도 100만원)

자녀세액공제

기본공제대상자인 직계비속이 있는 경우 적용

세액공제액 = 1명 15만 원

2명 30만 원

3명부터 30만 원에 1명당 30만 원씩 추가

연금계좌 세액공제

사적연금계좌에 납입한 금액이 있는 경우 적용

세액공제액 = 납입액 × 12%, 15%

납세자의 소득, 나이, 퇴직연금 계좌납입 여부 등에 따라 세액공제액 달라질 수 있음

표준세액공제

사업소득이 있는 경우 7만 원 공제

전자신고 세액공제

종합소득신고를 전자적 방법으로 하는 경우 2만 원 공제

09

받을 대가에서
3.3%는
왜 떼는 걸까?

왜 3.3%일까?
원천징수의 목적
정산의 개념

왜 3.3%일까?

우선 왜 3.3%인지 알아보기 전에 원천징수에 대한 소득세법의 규정을 확인해보겠다. 소득세법에 따르면 국내에서 거주자나 비거주자에게 대통령령으로 정하는 사업소득을 지급하는 자는 그 거주자나 비거주자에 대한 소득세를 원천징수하여야 한다고 규정한다. 소득세법에서는 내국인과 외국인이라는 용어 대신 거주자와 비거주자라는 용어를 쓰는데 이 둘은 약간의 차이가 있다. 내국인과 외국인은 국적에 따라 판단하지만, 거주자는 국내에 주소를 두거나 183일 이상 거소를 둔 개인을 말하며 비거주자는 거주자가 아닌 개인을 말한다.[85] 그리고 대통령령으로 정하는 사업소득이란 부가가치세가 면세되는 인적용역을 제공하여 발생하는 소득을 말하며, 예술활동을 통해 발생하는 소득이 여기에 포함된다.

이를 예술인에게 적용하여 쉽게 풀어쓰면, 국내에서 예술인에게 예술활동에 대한 대가를 지급하는 경우 그 대가를 지급하는 자는 소득세를 원천징수하여야 한다는 것이다. 여기에서 대가를 받는 예술인은 프리랜서인 예술인만 해당한다. 즉, 원천징수에 관한 규정은 사업자등록을 하지 않은 예술인에게 대가를 지급할 때만 적용하고, 사업자

---

85 소득세법에서 거주자, 비거주자의 판단은 국적을 고려하지 않는다.

등록을 한 사업자인 예술인에게 대가를 지급할 때는 적용하지 않는다. 다만, 예술활동을 제공받고 사업자인 예술인에게 대가를 지급하는 경우 그 예술인으로부터 세금계산서를 발급받아야 한다.

그렇다면 왜 3.3%를 원천징수하는 것일까? 사실 이 이유는 아주 간단하다. 소득세법에 원천징수대상 사업소득에 대한 원천징수 세율은 100분의 3으로 한다고 규정되어 있기 때문이다. 그리고 소득세의 10%는 지방소득세로 납부하여야 하므로 0.3%가 추가되어 3.3%가 된 것이다. 즉, 대가를 지급하는 자는 소득세와 지방소득세를 모두 합쳐 지급하는 대가의 3.3%를 원천징수하여야 한다.

원천징수의 목적

원천징수란 소득을 받는 자기 자신이 직접 세액을 납부하지 않고, 소득을 지급하는 자가 대신 납부하는 제도이다. 대가를 받는 예술인이 자신의 세금을 납부하지 않고, 대가를 지급하는 자가 세금을 떼고 지급한 후 그 세금을 대신 세무서에 납부해 준다는 의미이다. 그렇다면 이러한 원천징수는 왜 하는 것일까? 원천징수의 목적은 아래 세 가지 정도가 있다.

1. 대가를 받는 자의 소득을 포착하여 탈세를 방지한다.
2. 대가를 받는 때 세금을 납부하므로 조세저항을 줄여준다.
3. 납세자의 세부담이 시간적으로 분산된다.

예술활동을 하고 대가 100만 원을 받기로 하는 계약을 체결했다고 가정해보자. 계약의 상대방은 예술인에게 예술활동에 대한 대가를 지급하는 때 3만3천 원을 원천징수한 뒤 96만7천 원을 지급할 것이다. 이 3만3천 원은 원천징수의무자[86]가 갖고 있다가 대가지급일의 다음 달 10일까지 세무서에 납부하게 되는데, 이때 세금만 납부하는 것이 아니고 대가를 받은 자의 대가 금액과 인적사항을 함께 제출한

---

86 원천징수한 세액을 납부할 의무가 있는 자(=대가를 지급하는 자)

다.[87] 따라서 예술인이 예술활동을 통해 100만 원의 수입이 발생했다는 것을 과세관청은 알 수 있게 된다. 저자는 원천징수의 가장 주된 취지와 목적은 소득 포착으로 탈세를 방지하는 것이고 생각한다.

---

87 사업소득을 지급하는 자는 지급일이 속하는 달의 다음 달 말일까지 사업소득 간이지급명세서를 제출할 의무가 있으며, 1년의 사업소득 지급 내역을 합산하여 다음 연도 3월 10일까지 사업소득 지급명세서를 제출할 의무가 있다.

정산의 개념

소득세의 과세기간은 1월 1일부터 12월 31일까지이다. 누진세를 적용하는 현행 소득세법은 소득의 구간별로 세율이 높아지므로 과세기간 내에는 정확한 소득을 파악하여 세금을 계산할 수 없고, 적어도 과세기간의 마지막 날인 12월 31일이 지나야 누진세를 적용하여 정확한 세금을 계산할 수 있다.[88] 그러나 원천징수는 과세기간 중 소득을 지급하는 때 원천징수의무자가 징수하여 납부하는 규정으로 과세기간이 끝나기 전 즉, 12월 31일이 지나기 전에 납부가 이루어진다. 따라서 원천징수에 따라 납부한 세액은 일단 미리 납부하는 금액일 뿐 개인의 세금을 정확하게 계산하여 납부하는 것이 아니다. 원천징수되어 납부한 세액은 예납금 또는 예치금의 성격이다.

정산은 정밀하게 계산한다는 의미이다. 개인의 세금은 과세기간이 끝나고 소득이 파악되면 정밀하게 계산할 수 있고, 연말정산이나 종합소득세 신고를 통하여 미리 내놓은 원천징수된 세액[89]과 정확하게 계산된 세액[90]을 정산할 수 있다. 과세기간 중 원천징수된 세액이 과

---

88 과세기간 내 소득이 확정되어야 누진세의 구조에서 적용할 세율이 결정되기 때문이다. 소득이 확정되려면 최소한 과세기간이 모두 지나야 한다.

89 소득세의 계산구조에서 기납부세액에 해당한다.

90 소득세의 계산구조에서 총결정세액에 해당한다.

세기간이 끝난 후 정확하게 계산된 세액보다 크면 정산을 통하여 차액을 환급받을 수 있고, 반대의 경우 추가납부세액이 발생한다. 여기에서 중간예납된 세액이 있으면 원천징수된 세액과 함께 정산된다. 소득세 계산구조의 마지막 단계는 총결정세액에서 기납부세액을 빼는 과정으로 이 과정을 거쳐 납부세액 또는 환급세액이 계산된다. 기납부세액은 미리 납부한 세액이라는 의미로서 중간예납세액과 원천징수세액을 포함하고, 이렇게 기납부세액을 빼는 것은 지금까지 설명한 소득세의 계산에서 정산의 기능을 담당하게 된다.

총결정세액 〉 기납부세액 ⇒ 납부세액 발생

총결정세액 〈 기납부세액 ⇒ 환급세액 발생

납부세액이 발생하는 경우 5월 말일까지 종합소득세를 신고하고 세액을 납부하면 되고, 환급세액이 발생하는 경우 종합소득세를 신고하면 30일 이내에 신고한 환급계좌로 환급된다.

과세기간

1월 1일　　　　　　　12월 31일　　　　　5월 31일

소득발생

원천징수 세율에 따라
원천징수

종합소득세 신고

원천징수의 합계액　←　정산　→　정확한 세액계산

10
/
종합소득세
신고안내문이
왔다

간편장부대상자와 복식부기의무자

　예술인의 세법에 따른 형태는 크게 사업자등록을 하지 않고 인적 용역을 제공하는 사업소득자와 사업자등록을 한 개인사업자로 구분되며, 전자는 보통 프리랜서라고 부른다. 이 둘의 가장 큰 차이는 부가가치세법 적용 여부인데 프리랜서는 부가가치세와 관련된 의무가 없고, 개인사업자는 부가가치세와 관련된 의무를 이행하여야 한다.[91] 그러나 이는 단지 부가가치세법의 적용 여부와 관련된 얘기이고 실질적으로 소득세법에서 보는 이 둘은 모두 사업소득이 발생하는 자로서 똑같이 취급된다.

　소득세법은 상대적으로 수입이 적은 자에게는 법률에 따른 의무를 최소화하고 있으나 수입이 점점 많아짐에 따라 법률에 따른 의무를 부과하고, 그 의무를 이행하지 않으면 가산세 등 불이익을 주고 있다.[92] 소득세법에 있는 의무 중 가장 대표적인 것이 바로 장부를 작성하여야 하는 의무이다. 사업소득이 발생하는 자는 소득금액의 계산을 위하여 증명서류 등을 갖춰 놓고 그 사업에 관한 모든 거래 사실이 객관적으로 파악될 수 있도록 복식부기에 따라 장부에 기록, 관리

91　이 책 제4장 「프리랜서의 요건」 참고
92　여기에서 수입은 총수입금액을 의미하며, 소득세법에서 부여하는 의무는 대부분 직전 연도 총수입금액을 기준으로 판단한다.

하여야 하는 장부작성의무가 있다. 그러나 업종, 규모 등을 고려한 업종별 일정 규모 미만의 사업자가 간편장부를 갖춰 놓고 그 사업에 관한 거래 사실을 성실히 기재한 경우에는 장부작성의무를 이행한 것으로 본다. 쉽게 설명하면 사업자는 복식부기에 따라 장부를 작성하는 것이 원칙이지만, 예외적으로 일정 규모 미만의 사업자는 간편장부만 작성해도 된다는 의미이다. 여기에서 일정 규모 미만의 사업자를 간편장부대상자라고 하고, 간편장부대상자가 아닌 사업자를 복식부기의무자라 한다.

　복식부기에 따른 장부란 사업의 재산상태와 그 손익거래 내용의 변동을 빠짐없이 이중으로 기록하여 계산하는 부기형식의 장부를 말한다. 복식부기에 따른 장부작성은 기본적으로 회계학을 배우고, 정확히 알고 있어야 스스로 작성할 수 있다. 그러나 이 책에서는 회계학을 알려주지 않는데 복식부기의무자이기 때문에 예술인이 회계학을 공부하겠다는 것은 매우 비효율적이기 때문이다. 분명, 이 책을 읽는 예술인 중에는 복식부기의무자인 예술인도 있을 것이고, 회계학을 배워 스스로 복식부기에 따라 장부작성을 하려는 의지가 있는 예술인도 있을 것이다. 그러나 저자는 예술인이 회계학과 세법을 공부하고, 복식부기에 따른 장부를 작성할 시간이 있다면 본인의 예술활동을 더 하는 것이 현명하다고 생각한다. 더 할 예술활동이 없다면 차라리 휴식을 취하도록 하자. 복식부기에 따른 장부작성은 세무사 등 전문가에게 맡기는 것을 추천한다.

이제 간편장부대상자가 누구인지 알아보겠다. 예술활동을 하는 예술인은 소득세법에서 예술 관련 서비스업에 해당한다. 예술 관련 서비스업을 영위하는 예술인은 직전 연도 총수입금액의 합계액이 7,500만 원[93]에 미달하는 경우 간편장부대상자에 해당한다. 따라서 직전 연도 총수입금액의 합계액이 7,500만 원 이상인 경우에는 복식부기의무자가 된다. 그러나 정말 슬프게도 문화체육관광부의 2021년 예술인 실태조사에 따르면 예술인의 예술활동 개인 수입[94]은 6,000만 원 미만이 98.3%에 해당한다. 즉, 6,000만 원 이상이 1.7%에 불과하고 그 이상 수입에 대하여는 더 이상의 통계치조차 없다. 6,000만 원 이상 버는 예술인이 1.7%이므로 당연히 개인 수입이 7,500만 원 이상인 예술인은 1.7%보다 더 적을 것이다.[95] 예술인 대부분은 간편장부대상자라는 의미이다.

---

93 간편장부대상자를 판단하는 직전 연도 총수입금액인 기준금액은 업종별로 상이하다. 따라서 예술인이더라도 예술 관련 서비스업에 해당하지 않는다면 기준금액이 7,500만 원이 아닐 수도 있다. 예를 들어 무대 제작소를 운영하는 경우 예술인에 해당하지만, 세법에 따른 업종은 제조업으로 분류되며 제조업의 기준금액은 1억 5,000만 원이다.

94 소득세법에서 말하는 총수입금액과 같다.

95 간편장부대상자인지를 판단하는 7,500만 원의 기준금액은 예술활동을 통한 개인 수입 이외에 다른 사업에서 발생하는 수입이 있다면 모두 합쳐 판단한다. 즉, 업종과 관계없이 발생한 모든 사업소득 수입금액을 합쳐 판단한다.

단순경비율과 기준경비율 적용[96]

소득세의 계산구조에서 사업소득금액을 계산하는 방법에는 실질에 따른 방법과 추계에 따른 방법이 있다고 하였다. 실질에 따라 사업소득금액을 계산할 때는 그 사업에 관한 모든 사실이 객관적으로 파악될 수 있도록 복식부기로 작성한 장부 또는 간편장부에 기록 관리하여야 하며 필요경비에 관하여는 비용지출의 증명서류를 5년간 보관하여야 한다. 그러나 장부를 작성하지 않은 경우에는 추계의 방법으로 사업소득금액을 계산할 수 있고, 총수입금액에 경비율을 곱하여 필요경비를 계산한 후 총수입금액에서 추정된 필요경비를 빼는 방법으로 사업소득금액을 결정할 수 있다. 이때 사용되는 경비율에는 단순경비율과 기준경비율이 있다.

경비율은 규모와 업황에 있어서 평균적인 기업에 대하여 업종과 기업의 특성에 따라 조사한 평균적인 경비 비율을 참작하여 심의를 거쳐 결정하고, 매년 고시한다. 경비율을 사용하여 사업소득금액을 계산할 때는 누구나 높은 단순경비율을 적용하여 사업소득금액을 낮춰 세금을 적게 내고 싶을 것이다. 그러나 단순경비율은 누구나 적용

96   이 책 제8장 「추계에 따른 사업소득금액의 계산」 참고

할 수 없고, 직전 연도 총수입금액이 2,400만 원 미만[97]이거나 예술 활동을 처음 시작한 예술인만 단순경비율을 적용하여 사업소득금액을 계산할 수 있다. 이렇게 요건에 만족하여 단순경비율을 적용하는 자를 단순경비율 적용대상자라고 하고, 단순경비율 적용대상자가 아니라면 모두 기준경비율 적용대상자가 된다.

사례를 통해 단순경비율 적용대상자와 기준경비율 적용대상자의 사업소득금액이 어떻게 계산되는지 살펴보자. 우선 직업은 화가로 하겠다. 화가의 업종코드는 '940200'으로 화가 및 관련 예술가에 해당하고 단순경비율 일반율은 72.3%, 단순경비율 초과율은 61.2%, 기준경비율은 18.7%이다. 여기에서 단순경비율은 총수입금액이 4,000만 원을 초과하는 경우 4,000만 원까지는 일반율을 적용하고, 4,000만 원 초과분에 대하여는 초과율을 적용한다. 우선 해당 화가가 단순경비율 적용대상자라고 가정해보자. 따라서 그의 직전 연도 총수입금액은 2,400만 원 미만이었을 것이다. 올해는 4,500만 원의 총수입금액이 발생하였다고 가정할 때 화가의 필요경비를 계산하면 다음과 같다.

(40,000,000원 × 72.3%) + (5,000,000원 × 61.2%) = 31,980,000원

---

97 예술 관련 서비스업이 아니라면 기준금액이 2,400만 원이 아닐 수도 있다. 단순경비율 적용대상자를 판단하는 기준금액은 업종별로 6,000만 원, 3,600만 원, 2,400만 원으로 구분된다.

따라서 단순경비율을 적용한다면 해당 화가의 사업소득금액은 총 수입금액 4,500만 원에서 필요경비 3,198만 원을 뺀 1,302만 원으로 계산된다. 장부를 작성하지 않아도 그리고 필요경비의 증빙뿐만 아니라 실질적인 지출이 없어도 3,198만 원이 필요경비로 인정된다.

다음은 해당 화가가 기준경비율 적용대상자라고 가정해보자. 따라서 그의 직전 연도 총수입금액은 2,400만 원 이상이었음을 예상할 수 있다. 올해는 위 사례와 똑같이 4,500만 원의 총수입금액이 발생하였다고 가정할 때 화가의 기준경비율에 따른 필요경비를 계산하면 다음과 같다.

$$45,000,000원 \times 18.7\% = 8,415,000원$$

기준경비율 적용대상자는 경비율을 곱한 필요경비에 추가로 매입비용, 임차료, 인건비로서 증빙서류로 지출하였거나 지출할 금액이 확인되는 경우 그 금액을 필요경비로 인정해준다. 그러나 4장에서 프리랜서인 예술인이 프리랜서의 지위를 유지하기 위한 요건에는 물적 시설을 매입하여도 안 되고, 임차하여도 안 된다고 하였으며, 근로자를 두어서도 안 된다고 하였다. 따라서 프리랜서인 예술인이 기준경비율에 따라 사업소득금액을 계산할 때는 경비율을 곱한 필요경비 외에 추가로 인정받을 수 있는 필요경비가 거의 없다. 매입을 해서도 안 되고, 임차를 해서도 안 되며, 근로자를 두어서도 안 되기 때문에 매입

비용이나 임차료[98], 인건비가 지출되지 않기 때문이다. 정리하면 기준 경비율을 적용하는 화가의 사업소득금액은 총수입금액 4,500만 원에서 필요경비 841만 5천 원을 뺀 3,658만 5천 원이 된다.

98　다만 물적 시설에 해당하지 않는 정도의 매입비용이나 임차료 정도는 인정될 수 있다. 화가의 재료 구매비, 소모품 구매비나 단기간의 전시장 또는 작업실의 임차료가 여기에 해당한다.

추계신고의 한계

　어느 한 프리랜서 예술인이 예술활동을 x1년도에 시작하였고, 매년 총수입금액이 1,000만 원씩 증가한다는 기분 좋은 가정을 해보겠다. x1년의 총수입금액은 1,000만 원이고, 올해 처음 예술활동을 시작하였으므로 단순경비율 적용대상자가 되어 x2년 5월에 추계의 방법으로 사업소득금액을 계산하여 종합소득세 신고를 스마트폰 앱을 통해 스스로 했다. 그리고 높은 단순경비율로 인해 대부분의 기납부세액을 환급받았다.

　다음 해가 되었다. 예술인의 x2년 총수입금액은 가정대로 2,000만 원이 되었고, 직전 연도 총수입금액이 1,000만 원이었으므로 단순경비율 적용대상자가 되어 x3년 5월에 또다시 추계의 방법으로 사업소득금액을 계산하여 종합소득세 신고를 스마트폰 앱을 통해 스스로 했다. 그리고 높은 단순경비율로 인해 대부분의 기납부세액을 환급받았다.

　한 해가 더 지나 예술인의 x3년 총수입금액은 3,000만 원이 되었다. 직전 연도 총수입금액은 2,000만 원이므로 여전히 단순경비율 적용대상자가 되었고, x4년 5월에 종합소득세 신고를 추계의 방법으로 스마트폰 앱을 통해 하였다. 그리고 다시 높은 단순경비율이 적용되고, 기납부세액[99]도 총수입금액이 증가함에 따라 커졌으므로 작년보다 더 많은 세액을 환급받았다.

벌써 4년 차 예술인이 된 그의 x4년 총수입금액은 4,000만 원이 되었다. 직전 연도 총수입금액이 3,000만 원이 되었으므로 2,400만 원 이상이 되어 올해는 단순경비율 적용대상자가 아닌 기준경비율 적용대상자가 되었고, x5년 5월이 되어 종합소득세 신고를 할 때가 되었다. 세 번이나 스스로 종합소득세 신고를 해왔고, 항상 환급받아왔기 때문에 종합소득세 신고에 자신감이 붙은 그는 올해도 추계의 방법으로 스마트폰 앱을 통해 종합소득세 신고를 하였다. 환급을 기대했던 그의 스마트폰에는 수백만 원의 납부세액이 계산되었다.

이런 일은 예술활동을 하는 프리랜서 예술인이라면 누구나 겪을 수 있다. 매년 환급을 받다가 갑자기 수백만 원의 납부세액이 나온 이유는 간단하다. 단순경비율 적용대상자였을 때는 높은 단순경비율을 적용받았으나, 기준경비율 적용대상자가 되었을 때는 낮은 기준경비율을 적용받으며, 매입비용, 임차료, 인건비도 발생하지 않았기 때문이다. 그렇다면 기준경비율 적용대상자인 프리랜서 예술인은 급격히 증가한 세부담에 어떻게 대처해야 할까? 결론은 원칙으로 돌아가 장부를 작성하고 증빙을 보관하여 실질에 따라 종합소득세 신고를 해

99 받은 대가에서 원천징수세율에 따라 원천징수된 금액

야 한다.

사업소득금액을 계산하는 데 있어 기준경비율을 적용하는 제도는 기준경비율을 적용해서 종합소득세를 신고하라는 취지가 아니다. 기준경비율을 적용할 정도의 수입이 발생하면 장부를 작성하라는 의미이다. 또한 직전 연도 총수입금액이 4,800만 원 이상인 프리랜서가 장부를 작성하지 않고 추계로 종합소득세를 신고하는 경우에는 산출세액에 20%를 곱한 금액을 무기장가산세로 부과하고 있다. 낮은 기준경비율을 적용받기 때문에 높은 산출세액이 계산되는 기준경비율 적용대상자가 무기장가산세까지 부과되면 그 세부담은 굉장히 무거워질 수밖에 없다. 종합소득세 신고를 추계로 하면 직전 연도 총수입금액 2,400만 원 이상이 될 때 기준경비율의 적용으로 한번 세부담이 급격히 증가하고, 직전 연도 총수입금액 4,800만 원 이상이 될 때 무기장가산세의 부과로 다시 한번 세부담이 급격히 증가하게 된다. 이런 효과를 문턱효과[100]라고 한다.

이렇게 일정한 구간별로 급격히 세부담이 증가하는 문턱효과의 문제는 세무업계에서 계속 지적을 받고 있다. 직전 연도 총수입금액이 2,400만 원인 예술인은 기준경비율이 적용되고, 직전 연도 총수입금액이 2,399만 원인 예술인은 단순경비율이 적용되어 단 1만 원 차이 때문에 전혀 다른 결과가 도출되기 때문이다. 이런 현상은 세금신고

100　일정 단계를 지났을 때 세부담이 급격히 증가하는 효과

를 스스로 해야 하지만 세법과 과세체계의 이해도가 상대적으로 낮은 인적용역을 제공하는 프리랜서인 예술인에게는 더욱 부담스럽게 다가올 수 있다.

예술인인 프리랜서는 본인이 직접 용역을 제공하므로 재고자산의 매입비용, 임차료 및 인건비 등 주요경비가 발생할 여지가 거의 없다. 또한 이들이 제공하는 용역이 대부분 지적 용역이라는 특성이 있으므로 명시적으로 필요경비가 없어 장부작성 자체가 불가능하며, 다른 유형의 사업소득자에 비해 수입금액이 대부분 명확하게 노출되는 특성이 있다.[101] 몇몇 논문에서는 인적용역 사업소득자의 세부담에 관한 문턱효과의 문제점을 지적하고 개선방안을 제시하기도 하지만 현재 우리나라 제도에서는 예술인의 직전 연도 총수입금액에 따른 문턱효과는 여전히 존재하고, 예술활동을 하는 예술인의 수입은 여전히 투명하게 포착되며, 매년 다르지 않게 여전히 종합소득세 신고는 하여야 한다. 따라서 지금부터는 프리랜서 예술인이 간편장부를 작성하는 방법과 직전 연도 총수입금액별로 종합소득세를 어떻게 신고해야 하는지를 살펴보겠다.

---

101 신현걸, 정재연, 「인적용역소득에 대한 추계과세의 문제점과 개선방안」, 한국세무학회, 2014, p.293

간편장부 작성

간편장부란 소규모 사업자를 위하여 국세청이 특별히 고안한 장부로서 수입과 비용을 가계부 작성하듯이 회계지식이 없는 사람이라도 쉽게 작성할 수 있는 장부를 말한다. 간편장부대상자는 신규로 사업을 개시한 사업자 또는 직전 연도 총수입금액이 예술 관련 서비스업 기준 7,500만 원 미만인 사업자를 의미한다. 여기에서 사업자는 사업자등록을 한 사업자뿐만 아니라 사업소득자 즉, 프리랜서도 포함한다. 다음은 간편장부의 작성예시와 예술인이 간편장부에 기록해야 할 내용이다.

간편장부 작성예시

일자	거래내용	거래처	수입	비용	고정자산 증감	비고
1/2	식대	A식당		50		카
1/8	주유비	B주유소		200		카
1/20	컴퓨터구매	C상가			800	세계
1/24	공연수입	D기획사	1,000			
1/26	접대비	E호프		100		영
1/30	작품판매	개인	500			
1/31	임차료	F전시장		300		계

1. 일자 : 수입과 비용이 발생한 거래 일자를 기록한다.

2. 거래내용 : 용역 제공에 따른 수입 또는 비용의 내용을 기재한다.

3. 거래처 : 상호, 성명 등 거래처 구분이 가능하도록 기재한다.

4. 수입 : 수입금액을 기재한다. 프리랜서의 수입금액은 원천징수하기 전 금액이며, 사업자는 공급가액과 부가가치세를 분리하여 기재한다.

5. 비용 : 수입에 대응하는 지출액 등 사업 관련 비용을 기재한다. 사업자는 공급가액과 부가가치세를 분리하여 기재한다.

6. 고정자산증감 : 자동차, 컴퓨터 등 고정자산의 매입액을 기재한다. 사업자는 공급가액과 부가가치세를 분리하여 기재한다. 다만, 소액의 고정자산은 고정자산증감에 기재하지 않고, 비용에 기재한다.

7. 비고 : 거래 증빙 유형을 기재한다. 세금계산서, 계산서, 신용카드영수증, 일반영수증 등으로 표시할 수 있다. 또한 상품, 제품, 원재료 등이 있다면 연말에 실지 재고량을 기준으로 평가하여 기재해야 하지만, 예술활동을 하는 예술인은 재고자산이 없으므로 기재하지 않는다.

이렇게 일곱 가지의 기재사항이 국세청에서 제공하는 간편장부 작성요령에서 일반적으로 간편장부에 기재해야 하는 내용이다. 그러나 간편장부의 양식에는 제한이 없으므로, 수기로 작성해도 되고, 컴퓨터 엑셀 프로그램[102]을 사용하여 작성해도 되며, 요즘엔 스마트폰 가계부 앱 또는 간편장부 작성 앱[103]을 사용하여 작성하기도 한다.

---

102 국세청 홈페이지(www.nts.go.kr)에서 내려받을 수 있다.

103 스마트폰 앱을 사용하는 경우 종이영수증과 같은 필요경비에 대한 실물 증빙은 사진을 찍어 보관할 수도 있다.

국세청에서 설명하는 장부작성의 장점은 다음과 같다. 간편장부대상자가 추계로 신고하지 않고 간편장부를 작성하는 경우 실질에 따라 필요경비를 인정받을 수 있으므로 실질적으로 결손이 발생하는 경우 그 결손금을 향후 공제할 수 있으며, 감가상각비[104], 대손충당금[105] 및 퇴직급여충당금[106]을 필요경비로 인정받을 수 있고, 무기장가산세 적용 대상인 경우 무기장가산세 적용이 배제된다. 그러나 인적용역을 제공하는 예술인은 자신의 예술활동을 통해 수입이 발생하므로 다른 사업소득이 발생하는 자들과는 달리 지출되는 경비가 많이 발생하지 않는다. 따라서 국세청이 언급한 결손은 예술인에게는 자주 발생하지 않으며, 프리랜서의 지위를 유지하는 경우 비용의 성격상 감가상각비, 대손충당금, 퇴직급여충당금 등도 거의 발생하지 않는다. 따라서 예술활동을 하는 예술인으로서 프리랜서의 지위에 있다면 실질적으로 장부를 작성해야 하는 이유는 무기장가산세를 피하고, 낮은 기준경비율 적용을 받지 않기 위함이 가장 크다.

---

104 구매한 자산을 수년에 걸쳐 비용처리 하는 방법

105 보유한 채권의 회수 가능성을 고려하여 비용처리 하는 방법

106 종업원의 퇴직금을 퇴직 시 일시에 비용처리하지 않고, 매년 퇴직금 지출액을 예상하여 비용처리 하는 방법

종합소득세 신고안내문

국세청은 매년 종합소득세 신고안내문을 종합소득세를 신고하여야 할 자에게 발송한다.[107] 신고안내문을 받은 예술인은 신고안내문에 따라 종합소득세를 5월 1일부터 5월 31일까지 신고하여야 한다. 종합소득세 신고안내문에서 확인하여야 할 내용은 다음과 같다.

1. 신고유형 확인

신고유형은 종합소득세를 어떻게 신고해야 하는지에 대한 유형을 나타낸 것이다. 신고유형은 대문자 알파벳으로 되어 있으며 예술활동을 통해 사업소득이 발생하는 예술인에게 적용되는 신고유형은 보통 다음과 같다.

신고유형	신고대상	기장의무
B	자기조정대상자	복식부기
D	간편장부대상자(기준경비율)	간편장부
F	단일소득, 단순경비율, 적용대상자 중 납부세액이 있는 자	간편장부
G	단일소득, 단순경비율, 적용대상자 중 납부세액이 없는 자	간편장부

---

107 온라인(국세청 홈택스) 또는 우편을 통해 발송하며, 신고유형에 따라 우편으로 발송하지 않는 경우도 있다.

신고유형 B 자기조정대상자는 직전 연도 총수입금액이 7,500만 원 이상 1억 5,000만 원 미만인 자로서 간편장부로 장부를 작성할 수 없고 복식부기에 따라 장부를 작성해야 하는 자이다. 신고유형 D 기준경비율을 적용하는 간편장부대상자는 직전 연도 총수입금액 2,400만 원 이상 7,500만 원 미만인 자로서 간편장부로 장부를 작성하여 사업소득금액을 계산하거나 기준경비율을 적용하여 추계로 사업소득금액을 계산하여 종합소득세 신고를 하는 자이다. 신고유형 F는 단순경비율 적용대상자 중 납부세액이 있는 자이며 신고유형 G는 단순경비율 적용대상자 중 환급세액이 있는 자를 말한다. 신고유형 F와 G는 모두 단순경비율 적용대상자이므로 간편장부대상자에 해당한다.

2. 기장의무 확인

종합소득세 신고 시 신고 참고자료에 보면 복식부기의무자인지 간편장부대상자인지 기장의무가 적혀있다. 직전 연도 총수입금액이 7,500만 원 미만이면 간편장부대상자에 해당하며, 직전 연도 총수입금액이 7,500만 원 이상이면 복식부기의무자에 해당한다. 7,500만 원의 기준금액은 예술 관련 서비스업에 적용되는 금액이고, 업종이 다르다면 기준금액도 다르게 적용될 수 있다.

3. 업종코드와 수입금액 확인

종합소득세 신고안내문에는 발생한 총수입금액에 대한 자료가 적혀있다. 이는 원천징수 또는 부가가치세 신고를 통해 과세관청이 이미 파악하고 있는 총수입금액으로서 과세관청이 파악하고 있는 총수입금액과 실제로 자신에게 발생했던 총수입금액이 일치하는지를 확인하면 된다. 또한 업종코드도 자신의 예술활동과 일치하게 적혀있는지도 확인하여야 한다. 추계신고를 하지 않는다면 업종코드가 세액계산에 직접적으로 영향을 주지 않지만, 추계신고를 한다면 업종코드에 따라 경비율이 달라지므로 세액계산에 영향을 줄 수 있다. 그러나 종합소득세 신고안내문에 있는 총수입금액과 업종코드는 종합소득세 신고를 위한 안내문에 불과하므로 실제로 종합소득세를 신고할 때 실질에 따른 총수입금액과 업종코드[108]를 적용하면 된다.

4. 가산세 대상 확인

예술인 대부분은 유형 B, D, F, G 중 하나에 해당한다. 여기에서 유형 F, G는 직전 연도 총수입금액이 2,400만 원 미만인 자로서 추계에 따라 사업소득금액을 계산하여 종합소득세를 신고하더라도 무기장가산세가 적용되지 않는다. 그러나 유형 D는 간편장부대상자로서 기준경비율이 적용되는 자이므로 직전 연도 총수입금액이 2,400만 원 이상 7,500만 원 미만이다. 따라서 직전 연도 총수입금액이 4,800만 원 미만이면 추계신고를 하더라도 가산세가 적용되지 않지만, 총수입금액이 4,800만 원 이상이면 추계신고를 할 경우 무기장가

---

108   이 책 제8장 「추계에 따른 사업소득금액의 계산」 참고

산세가 적용된다. 유형 B는 복식부기의무자이므로 간편장부를 작성하거나 추계신고를 하면 무기장가산세가 적용된다.

11

건강보험료
고지서도
왔다

건강보험과 국민연금

　예술인이 예술활동을 하면 피할 수 없는 지출이 두 가지 있다. 정확히 얘기하면 예술활동을 하기 때문에 피할 수 없다기보다는 예술활동으로 예술인에게 소득이 발생하기 때문에 피할 수 없는 것이다. 그것은 바로 세금과 사회보험료이다. 아무리 피하고 싶어도 종합소득세 신고기한은 매년 돌아오며, 사회보험료 고지서는 항상 정해진 날에 예술인을 찾아온다. 여기에서 세금은 소득세와 지방소득세를 말하며, 사회보험료는 건강보험료와 국민연금보험료를 말한다.[109]

　그러나 사회보험은 그저 납부하기 부담스러운 보험이 아니라 국민에게 발생하는 사회적 위험을 보호하는 장치이다. 건강보험은 국민의 질병, 부상에 대한 예방, 진단, 치료, 재활과 출산, 사망 및 건강증진에 대하여 보험급여를 실시함으로써 국민보건 향상과 사회보장 증진에 이바지함을 목적으로 하고, 국민연금은 국민의 노령, 장애, 사망에 대하여 연금급여를 시행함으로써 국민의 생활 안정과 복지 증진에 이바지하는 것을 목적으로 한다. 건강보험과 국민연금은 국가가 운영하는 사회보험으로서 발생 가능한 사회적 위험으로부터 국민을 보호하는 목적을 지니고 있다.

109　사회보험은 흔히 4대보험이라고 불리며 국민연금, 건강보험, 고용보험, 산재보험을 말한다.

이 책에서 건강보험과 국민연금은 보험의 혜택이나 보험적용의 절차보다는 보험료의 결정과 납부에 관련된 내용만 다루도록 하겠다. 적어도 내가 왜 보험료를 내야 하는지와 내가 내는 보험료가 어떻게 결정되는지는 알고 내자는 의미이다. 일반적으로 회사에서 종속되어 일하는 근로자는 근로자의 세금과 사회보험에 관한 업무를 사용자가 대신하여 해주기 때문에 근로자는 보험료가 어떻게 결정되는지는 굳이 알 필요가 없다. 그러나 근로자가 아닌 예술인 대부분은 고지되는 보험료의 납부도 직접 하며, 보험료와 관련된 업무도 직접 해야 한다. 따라서 지금부터는 예술인의 건강보험과 국민연금의 보험료와 관련된 실무적인 내용을 살펴보겠다. 앞으로 이 책에서 살펴볼 건강보험과 국민연금은 프리랜서 또는 1인 개인사업자 즉, 지역가입자에 관한 건강보험과 국민연금을 의미한다.

지역가입자 그리고 피부양자

　건강보험과 국민연금에서 예술인 대부분은 지역가입자의 지위를 갖는다. 그 이유는 다른 사용자에게 고용되지 않은 프리랜서와 근로자를 고용하지 않은 개인사업자는 지역가입자가 되기 때문이다. 개인이 회사에 취업하는 경우 회사는 근로자에게 4대보험을 반드시 가입시켜 줘야 하는데 이때 근로자는 건강보험에 관하여는 직장가입자, 국민연금에 관하여는 사업장가입자가 된다. 이번엔 반대로 사업자가 최초로 근로자를 두려면 근로자를 직장가입자, 사업장가입자로서 4대보험에 가입시켜 주어야 하는데 그때 근로자뿐만 아니라 사업자 본인도 함께 직장가입자와 사업장가입자가 된다. 여기에서 직장가입자와 사업장가입자가 되는 사업자는 개인사업자[110]만 의미한다.

　우선 국민건강보험법에 따른 가입자격을 살펴보자. 건강보험은 가입자의 종류를 직장가입자와 지역가입자 그리고 직장가입자의 피부양자로 구분하고, 직장가입자와 직장가입자의 피부양자를 제외한 가입자를 지역가입자로 정의하였다. 그리고 모든 사업장의 근로자 및 사용자는 직장가입자가 되며, 피부양자는 직장가입자에게 주로 생계를 의존하는 사람으로서 일정 요건에 만족하는 자를 말한

110　법인 그 자체는 근로자의 보험업무를 대신할 뿐 사람이 아니므로 보험료를 내는 대상은 아니다.

다. 따라서 예술인 중 사업장의 근로자거나 근로자를 둔 사업자라면 직장가입자가 되고, 직장가입자가 아니더라도 피부양자 요건에 만족하면 직장가입자의 피부양자가 되며, 직장가입자도 아니고 피부양자도 아니라면 지역가입자가 된다. 예술활동을 프리랜서로 하거나 근로자를 두지 않고 혼자 사업자등록을 한 개인사업자는 직장가입자에 해당하지 않고, 예술활동을 통해 일정 소득 이상을 얻고 있다면 피부양자 요건에도 만족할 수 없으므로 대부분 지역가입자에 해당한다.[111]

그렇다면 왜 예술인 대부분은 피부양자가 될 수 없는지 사업소득이 발생하는 자의 피부양자 요건을 확인하겠다. 피부양자가 되기 위해서는 다음의 네 가지의 피부양자의 요건을 모두 만족하여야 한다. 첫 번째는 가족관계요건, 두 번째는 부양요건, 세 번째는 소득요건, 네 번째는 재산요건이다. 여기에서 가족관계요건과 부양요건은 예술인의 가족 중 직장가입자가 있고, 그 가족과 함께 살고 있다면 대부분 만족한다. 피부양자의 요건 중 가장 중요하면서도 까다로운 것은 소득요건과 재산요건이다. 소득요건과 재산요건을 아래에서 확인하자.

소득요건은 사업자등록을 한 경우와 사업자등록을 하지 않은 경

---

111   직장가입자와 직장가입자의 피부양자 그리고 지역가입자는 건강보험법에 따라 구분되지만, 보험급여에 따른 혜택은 동일하다.

우로 나뉘는데 사업자등록을 했다면 일단 소득요건은 만족하지 않는다. 즉, 사업자등록을 했다면 피부양자가 될 수 없다는 의미이다. 그리고 사업자등록은 하지 않았으나 사업소득이 발생하는 프리랜서는 사업소득이 500만 원을 초과하면 소득요건에 만족하지 않으므로 피부양자가 될 수 없다. 여기에서 사업소득은 사업소득금액이 아닌 총수입금액을 의미한다.[112] 이 500만 원은 1년 기준이므로 예술활동을 특별히 쉬고 있지 않다면, 소득요건에 만족하기는 쉽지 않아 보인다. 또한 직장가입자의 피부양자가 되기 위해서는 피부양자 소득요건을 만족하더라도 재산요건까지 검토를 해봐야 하는데, 재산세가 부과되는 재산[113]의 재산세 과세표준이 9억 원이 넘으면 재산요건을 만족하지 않으므로 피부양자가 될 수 없고, 5억 4천만 원을 넘지 않으면 재산요건을 만족하게 된다. 재산세 과세표준이 5억 4천만 원에서 9억 원 사이인 경우에는 소득요건을 다시 검토하여 재산요건에 만족하는지를 결정한다.

2021년 예술인 실태조사에 따르면 전체 예술인 중 건강보험에 가입된 예술인은 94.0%인 것으로 조사되었다. 이는 예술인 대부분이 건강보험 제도 내에 있으면서 혜택을 받고, 보험료를 내고 있다는 것을 의미한다. 또한 전체 예술인 중 45.1%[114]가 지역가입자로서 건강보험에 가입되어 있다. 이는 29.1%의 직장가입자와 18.5%의 피부양자 비율보다 상당히 높은 수치이다. 게다가 국가나 지방자치단체 또는 공

112   이 책 제8장 「총수입금액과 필요경비」 참고
113   토지, 건축물, 주택, 선박, 항공기
114   지역가입자 37.3%와 지역가입자의 세대원 7.8%를 합친 비율

공기관에 소속된 예술인은 대부분 근로자의 형태로 예술활동을 하기 때문에 직장가입자에 해당하므로, 실제 민간에서 예술활동을 하는 예술인의 지역가입자 비율은 조사된 수치보다 높을 것으로 예상할 수 있다.

이제 국민연금법에 따른 가입자격을 살펴보자. 국민연금법에서는 국민연금의 가입자격을 크게 두 가지로 구분하였다. 국민연금에 가입된 사업장의 18세 이상 60세 미만의 사용자 및 근로자로서 국민연금에 가입된 자는 사업장가입자로 구분하고, 사업장가입자가 아닌 18세 이상 60세 미만의 사람은 지역가입자로 구분한다. 국민연금은 건강보험과 달리 피부양자가 없으므로[115] 예술인은 사업장가입자이거나 지역가입자가 된다. 다만, 보험료를 납부한 사실이 없고, 소득활동에 종사하지 않는 27세 미만인 자는 지역가입자가 될 수 없다.

2021년 예술인 실태조사에 따르면 전체 예술인 중 국민연금에 가입된 예술인의 비율은 58.9%[116]인 것으로 조사되었고, 따라서 국민연금에 가입되지 않은 예술인은 41.1%이고, 이들은 국민연금보험의 제도 밖에 있다는 것을 알 수 있다. 여기에서 제도 밖에 있는 41.1%의 비율에는 보험료를 납부한 사실이 없는 27세 미만으로서 소득활동

---

115 피부양자의 개념과는 다르지만, 배우자가 국민연금에 가입되어 있다면 소득이 없는 본인은 국민연금에 가입하지 않을 수 있다. 즉, 건강보험의 피부양자는 보험료는 납부하지 않지만, 건강보험제도 내에 있는 것이고, 국민연금은 배우자가 국민연금을 내고 있다면 본인은 보험료를 납부하지 않을 수 있지만, 국민연금제도 밖에 있는 것이다.

116 국민연금가입자 54.0%와 공적연금가입자 4.9%를 합친 비율

에 종사하지 않거나, 소득이 없어 보험료 납부를 유예받은 예술인을 포함한다. 또한 국민연금에 가입된 예술인 58.9% 중 지역가입자는 28.2%를 차지한다.

　국민연금 지역가입자의 비율은 건강보험과 비교하면 의미 있는 추측을 할 수 있다. 우선 예술인 중 건강보험의 직장가입자와 국민연금 사업장가입자의 비율은 각각 29.1%와 30.7%로 큰 차이가 없다. 이는 근로자인 예술인은 매달 고정적인 급여를 받으며, 각종 보험업무를 사용자가 대신해주기 때문이라고 추측해 볼 수 있다. 그러나 건강보험의 지역가입자는 45.1%인 반면 국민연금의 지역가입자는 28.2%로 큰 차이를 보인다. 이는 건강보험은 보험료를 내고 있으나 국민연금은 보험료를 내고 있지 않은 지역가입자인 예술인이 많다는 것을 말한다. 실제로 건강보험은 소득이 피부양자에 해당할 정도로 낮아지지 않는다면 지역가입자로서 보험료를 강제적으로 계속 내야 한다. 그러나 국민연금은 소득이 없게 된 예술인이 '납부예외'를 신청[117]하거나 심지어 가입조차 하지 않아 납부하지 않는 경우가 많기 때문에 국민연금의 지역가입자 비율이 건강보험의 지역가입자 비율보다 더 낮게 형성된다고 추측해 볼 수 있다.[118] 이렇게 조사된 비율은 결과적으로 지역가입자인 예술인의 소득이 불규칙하거나 적은 경우가 많다는 것을 의미한다.

117　건강보험은 납부예외제도가 없다.

118　건강보험료의 납부가 국민연금보험료의 납부보다 상대적으로 강제성이 크다. 이는 건강보험은 세금의 성격이고, 국민연금은 연금의 성격이기 때문이다.

건강보험 가입자격 구분

직장가입자

 모든 사업장의 근로자와 근로자를 고용한
개인사업자

직장가입자의 피부양자

 피부양자 요건을 만족하는 자

지역가입자

 직장가입자와 피부양자를 제외한 가입자

국민연금 가입자격 구분

사업장가입자

 18세 이상 60세 미만인 모든 사업장의
근로자와 근로자를 고용한 개인사업자

지역가입자

 18세 이상 60세 미만인
사업장가입자가 아닌 자

보험료 납부액은 어떻게 계산될까?

국민연금 지역가입자는 자격취득사유가 발생하였다면 스스로 그 사실을 국민연금공단에 신고하여야 한다.[119] 예술인의 대표적인 자격취득사유는 18세 이상으로서 예술활동을 통해 소득이 있게 된 경우이다. 물론 이때 예술활동은 근로자로서 예술활동이 아닌 프리랜서 또는 1인 개인사업자로서의 예술활동을 의미한다. 근로자가 된다면 국민연금 사업장가입자가 되고, 사용자가 대신 업무를 처리하기 때문이다. 지역가입자인 예술인은 국민연금 자격취득사유가 발생하여 취득신고를 하는 경우 연금보험료 및 급여의 산정을 위하여 기준소득월액을 함께 신고하여야 한다. 보험료 납부액은 이 기준소득월액에 9%를 곱한 금액으로 한다.

그러나 실무에서 보면 대다수 프리랜서와 1인 개인사업자인 예술인은 최초에 소득이 발생하였을 때 국민연금법에 따라 지역가입자 취득신고를 해야 한다는 사실을 인지하지 못하고 있다. 지역가입자에 관한 법률 규정이 사업장가입자에 관한 규정보다 자세하지 못한 이유도 있고, 사업장가입자와 비교하여 국민연금을 포함한 사회보험의 가입

---

119 국민연금공단에 방문하여 신고할 수도 있고, 우편이나 팩스로 신고하는 것도 가능하며, 사회보험 징수포털 서비스(www.4insure.or.kr)에 의한 인터넷 신고도 가능하다.

에 대한 인식도 상대적으로 낮기 때문이라고 저자는 생각한다. 이에 소득이 발생하였음에도 국민연금 자격취득신고를 하지 않은 지역가입자에 대하여는 국민연금공단에서 사유 발생일 즉, 소득발생일로 소급하여 직권으로 국민연금에 가입 처리하며, 이때 보험료 납부 부담이 커질 수 있다.

기준소득월액에 9%를 곱한 금액이 매달 납부하는 보험료가 되므로 기준소득월액이 얼마인지가 보험료를 결정하는 가장 중요한 요소가 된다. 지역가입자는 취득신고 시 종사하는 업무에서 얻는 소득으로 기준소득월액을 신고하고, 이 소득을 기준으로 납부하는 최초 보험료가 결정된다. 그러나 이때 신고한 기준소득월액을 기준으로 계속 보험료가 결정되는 것은 아니다. 지역가입자는 최초 취득신고 후 과세자료 등을 통해 지역가입자의 소득을 파악한 국민연금공단으로부터 기준소득월액을 결정통지를 받고, 통지를 받으면 받은 날이 속하는 달의 다음 달 15일까지 통지에 따라 변경된 소득을 지역가입자 스스로 신고하여야 한다. 지금까지의 내용을 정리하면 지역가입자가 스스로 해야 하는 국민연금보험료 납부와 관련된 기본업무는 다음 두 가지이다.

1. 최초 소득발생 시 소득이 발생한 날이 속하는 달의 다음 달 15일까지

자격취득신고(소득이 발생하였으나 자격취득신고를 하지 않은 경우 국민연금공단에서 직권으로 가입처리)

2. 지역가입자로서 보험료를 납부하던 중 국민연금공단에서 기준소득월 액 결정통지를 받은 경우, 통지받은 날이 속하는 달의 다음 달 15일까 지 기준소득월액 변경신고

　지역가입자가 신고한 기준소득월액에서 9%를 곱한 금액을 보험료로 납부하는 국민연금과 달리 지역가입자의 건강보험료는 계산하는 방법이 상당히 복잡하다. 지역가입자의 건강보험료는 그 가입자가 속한 세대의 지역가입자 전원이 연대하여 납부한다. 국민건강보험법에 따르면 지역가입자의 건강보험료 납부액은 지역가입자의 소득, 재산을 참작하여 정한 부과요소별 점수를 합산한 보험료 부과점수에 점수당 금액을 곱하여 보험료를 산정하고, 경감률 등을 적용하여 세대 단위로 부담한다고 규정되어 있었으나, 2022년 9월 건강보험 부과체계 2단계 개편 및 시행으로 지역가입자의 소득과 관련해서는 직장가입자와 동일하게 건강보험요율 6.99%를 적용하여 정률 부과하는 것으로 바뀌었다.

　지역가입자의 건강보험료 계산 요소 중 소득에 대해 먼저 살펴보자. 과거 지역가입자는 소득을 97단계로 나누고 등급별로 점수를 매겨 점수당 금액을 곱하여 보험료를 산정하였다. 그러나 등급별 점수제는 산정방식이 복잡하고, 저소득자에게 오히려 소득 대비 많은 보험료가 산정되는 역진성 문제가 제기되어 왔었는데 현재는 연 소득에 6.99%를 곱해 소득 요소에 관한 건강보험료가 계산된다. 예를 들어 연 소득이 1,500만 원인 예술인은 소득 요소에 따른 건강보험료가 87,370원으로 계산된다.[120]

다음은 재산을 보유한 지역가입자의 건강보험료 계산 방법이다. 주택, 토지 등 재산세 부과대상 재산을 소유한 경우 해당 재산에 대해 건강보험료가 부과되는데 대표적으로 주택의 경우 주택의 공시가격에 공정시장가액비율을 곱하여 재산세 과세표준이 계산되고 여기에 5천만 원의 공제액을 적용한 나머지 금액으로 보험료가 결정된다. 예를 들어 시가 3억 6천만 원의 주택은 보통 공시가격이 약 2억 5천만 원으로 형성되고 여기에서 공정시장가액비율인 60%를 곱하면 1억 5천만 원이 재산세 과세표준이 된다. 재산세 과세표준에서 5천만 원을 공제하면 1억 원이 계산되고, 이 금액을 기준으로 건강보험료를 부과한다는 의미이다. 재산에 관한 건강보험료는 기존 방법과 같이 재산금액을 60단계로 나누고 등급별로 점수를 매겨 점수당 금액을 곱하여 보험료를 산정한다. 재산금액 1억 원의 등급별 점수는 439점이고, 2022년 점수당 금액은 205.3원이므로 시가 3억 6천만 원의 주택에 대한 지역가입자의 건강보험료는 90,120원으로 계산된다. 추가로 실거주 목적의 주택에 담보대출 등 부채가 있는 경우에는 부채액도 공제받아 보험료를 줄일 수 있으므로 참고하자.

자동차의 경우 과거는 1,600cc 이상 차량과 1,600cc 미만이지만

---

120 개편 전에는 130,770원으로 계산된다.

가액이 4천만 원 이상 자동차에 건강보험료를 부과했다. 그러나 이번 개편으로 배기량 기준은 삭제되고 차량가액이 4천만 원 이상인 자동차에 대해서만 건강보험료가 부과된다. 이에 따라 자동차 보험료 부과 대상은 179만 대에서 12만 대로 크게 감소하며, 구입 당시에는 4천만 원 이상이었지만 구매 이후 가치가 하락하여 4천만 원 미만이 된 경우에는 보험료가 부과되지 않는다.

설명한 사례를 종합하면 연 소득 1,500만 원이 발생하고, 시세 약 3억 6천만 원의 주택과 차량가액이 약 3천만 원인 자동차를 소유하는 예술인은 소득으로 87,370원의 보험료가 계산되고, 주택으로 90,120원의 보험료가 계산되며, 자동차는 부과 대상에서 제외된다. 따라서 위 예술인은 177,490원의 지역가입자 건강보험료가 부과된다. 여기에서 당연히 소득이 높아질수록, 재산이 많아질수록, 자동차가 크고 비싸질수록 건강보험료는 점점 늘어난다.

지역가입자의 건강보험료는 여기에서 끝나지 않는다. 노인장기요양보험제도는 건강보험제도와 별개로 운영되고 있지만, 보험료를 납부하는데 있어서는 건강보험료의 일정 비율을 노인장기요양보험료 납부액으로 계산한다. 따라서 건강보험료 납부액에 따라 노인장기요양보험료 납부액이 결정되는데 노인장기요양보험료는 2022년 현재 건강보험료의 12.27%를 곱하여 계산한다. 따라서 위 사례에서 예술인이 최종적으로 고지서를 받아 납부하는 금액은 다음과 같이 계산된다.

건강보험료	노인장기요양보험료	고지서 최종납부액
177,490원	177,490원 × 12.27% = 21,770원	199,260원

　정리하면 건강보험료는 기준소득월액을 신고하고 그 금액에 따라 보험료가 결정되는 국민연금보험료와는 달리, 소득, 재산, 자동차를 건강보험공단이 파악하여 고지서를 보내 부과하는 체계이다. 따라서 별도로 건강보험은 취득신고가 없으며 지역가입자 스스로 신고할 내용도 없다. 그저 고지서가 오면 고지서에 적힌 금액을 납부하면 된다. 물론 납부액은 건강보험공단에서 알아서 계산해서 보내주며 지역가입자가 스스로 계산하지 않는다.

　보통 예술활동을 하는 예술인은 소득이 발생하면 그 소득에 따라 지역가입자로서 건강보험료가 부과된다. 국민연금은 소득이 발생하면 이는 자격취득 사유로써 별도로 취득신고를 해야 하지만, 건강보험은 소득 발생 전에는 누군가의 피부양자로 있거나 지역가입자의 세대원에 있으므로 항상 건강보험의 제도 내에서 있기 때문에 취득신고가 별도로 존재하지 않는다. 따라서 대한민국 국민이면 누구나 건강보험의 혜택을 받을 수 있으나 취득신고를 하고 보험료를 결정하여 납부하는 국민연금은 보험료를 납부하지 않으면 추후에 연금을 받을 수 없게 된다는 것이 건강보험과의 차이점이다.

납부액의 적용 기간

　지역가입자의 국민연금보험료와 건강보험료는 한번 결정된 보험료를 계속 납부하지 않고, 소득과 재산상태가 바뀌면 납부하는 보험료도 그에 따라 바뀐다. 국민연금보험료는 연금의 성격이므로 내가 내는 보험료에 따라 노후에 받는 연금액이 달라진다. 따라서 최초 자격취득신고 때 결정했던 기준소득월액과 공단으로부터 기준소득월액 변경통지를 받고 변경 신고하는 기준소득월액에 따라 납부액을 결정할 수 있고, 국민연금공단은 비록 과거에 납부액을 잘못하여 적게 냈더라도 이를 과거분까지 다시 징수하지 않는다. 노후에 그저 적은 연금액을 받으면 되기 때문이다. 정리하면 국민연금보험료의 납부액은 최초 자격취득신고로 결정되고, 국민연금공단으로부터 기준소득월액 변경통지가 오기 전까지는 납부액이 변경되지 않는다. 변경통지를 받아 납부액이 변경되었다면 비슷하게 다음 변경통지가 있기 전까지는 납부액이 변경되지 않는다.

　그러나 건강보험료는 다르다. 건강보험료는 보험의 성격보다는 세금의 성격에 가까우므로 정확한 건강보험료가 결정되고, 그렇게 결정된 건강보험료를 반드시 내야 한다. 건강보험료를 내지 않는다면 건강보험공단은 지역가입자에게 독촉장을 보내고, 지역가입자의 재산을 압

류할 수 있으며, 그 재산을 매각하여 건강보험료에 충당할 수도 있다. 따라서 건강보험료는 정확한 보험료 납부액을 계산하는 것이 중요하다. 또한 계산된 보험료를 어느 기간에 적용하여 보험료 납부고지서를 보낼지도 매우 중요하다. 계산된 보험료의 적용 기간을 확인해보자.

건강보험에서 직장가입자는 매년 발생하는 근로소득에 대하여 건강보험료를 부과한다. 이때 보험료는 소득세 원천징수 후 정산을 하는 것[121]과 같이 예납금의 성격으로 건강보험료를 납부하였다가 다음 연도에 근로소득 연말정산을 통하여 총급여액이 확정되면 그때 정확한 건강보험료를 다시 계산해 납부한 건강보험료와 정산을 한다. 올해 정산을 통해 전년도 소득에 대한 정확한 건강보험료를 납부하게 되는 것이다. 그러나 지역가입자의 건강보험료는 정산의 개념이 없다. 지역가입자의 건강보험료 부과는 나중에 낸다는 개념으로 생각하면 이해하기 쉬운데, 예를 들어 x1년에 소득이 발생하였다면 그 소득에 관하여는 x2년 5월 종합소득세 신고 후 나중에 건강보험료가 결정되어 고지서를 통해 납부한다는 것이다.

x1년에 소득이 발생한 예술인은 종합소득세 신고를 x2년 5월에 하고, 국세청으로부터 과세자료를 받은 건강보험공단은 예술인에게 x1년에 대한 건강보험료를 x2년 11월부터 x3년 10월까지 부과한다. 똑같이 x2년에도 계속 예술활동을 하여 소득이 발생한 예술인은 x3년

121   이 책 제9장 「정산의 개념」 참고

5월에 종합소득세 신고를 하고, 국세청으로부터 과세자료를 받은 건강보험공단은 예술인에게 x2년에 대한 건강보험료를 x3년 11월부터 x4년 10월까지 부과한다. 적용 기간의 차이를 보면 소득의 발생 시점과 그 소득에 따른 건강보험료의 부과 시점 차이가 약 10개월에서 1년 10개월 정도 발생한다. 따라서 매년 소득이 발생하는 프리랜서와 1인 개인사업자인 지역가입자의 건강보험료는 매년 11월에 전년도 소득에 따라 고지되는 보험료가 변경된다.

복잡하겠지만 한 가지만 더 생각해보자. 예술인의 가족 중 직장가입자가 있고, 해당 예술인은 네 가지의 피부양자 요건 모두 만족하여 건강보험료를 별도로 내지 않는다고 가정하겠다. 그렇다면 예술활동을 시작하여 소득요건을 불충족하게 되는 경우 해당 예술인은 언제부터 지역가입자가 되어 보험료를 납부할까? 지역가입자의 피부양자 소득요건 적용은 소득 발생 다음연도 12월부터 그 다음연도 11월까지 적용된다. 예를 들어 x1년에 소득이 없어서 피부양자에 해당하였으나 x2년에는 소득이 발생하여 소득요건을 만족하지 못한다면 그 소득요건은 x3년 12월부터 x4년 11월까지 적용되므로 x3년 12월부터 직장가입자의 피부양자가 될 수 없다. 이때 건강보험공단은 소득이 발생한 예술인에게 건강보험 피부양자 자격상실 예정안내문을 보내고, 예술인은 x3년 12월부터 지역가입자가 되어 건강보험료를 별도로 내야 한다.

건강보험공단에 해촉증명서를 제출하면?

    연말이 되면 지역가입자인 예술인들은 높아진 건강보험료 납부액에 당황한다. 올해 소득이 아닌 작년 소득을 기준으로 변경되는 건강보험료 납부액은 매년 11월에 변경되고, 재작년 소득보다 작년 소득이 높은 경우 지역가입자의 건강보험료가 증가하기 때문이다. 여기에 매년 오르는 건강보험요율과 부과점수당 금액 그리고 노인장기요양보험료는 예술인의 건강보험료를 더욱 부담스럽게 만든다. 11월에 크게 오른 건강보험료에 많은 프리랜서 예술인은 건강보험공단에 문의전화를 할 것이고, 아마도 공단으로부터 받은 대답은 해촉증명서를 공단에 제출하면 보험료를 조정해 주겠다일 것이다.

    해촉이란 위촉했던 직책이나 자리에서 물러나게 함을 의미하므로 해촉증명서는 위촉했던 직책이나 자리에서 물러났다는 것을 증명하는 서류이다. 그렇다면 왜 해촉증명서를 제출하면 프리랜서의 건강보험료를 조정해주는 걸까? 직장가입자는 전년도에 지급받은 보수의 총액을 기준으로 산정된 보험료를 부담하고, 연말정산으로 총급여액이 확정되면 정산하므로 소득 발생 시점과 보험료의 납부 시점에 큰 시차가 발생하지 않는다. 그러나 지역가입자의 건강보험료는 소득 발생 시점 그리고 재산 취득 시점과 보험료 부과 시점에 큰 시차가 발생한다. 따라서 11월에 변경되는 보험료는 작년 소득과 재산을 반영하여 정당하게 부과되는 것이지만 그 시차 사이에 소득이나 재산 상황이 변할 수 있기 때문에 이를 가입자로부터 확인하여 보험료를 조정해준다.

보험료 조정제도의 취지를 사례를 통해 알아보자. 프리랜서 또는 1인 개인사업자인 예술인은 x1년에 소득이 발생하였다면 x1년 소득에 대한 건강보험료를 x2년 11월부터 x3년 10월까지 납부하여야 한다. 그러나 x2년과 x3년에 소득이 전혀 없게 된 경우 매달 납부해야 하는 건강보험료 부담이 클 수밖에 없다. 그렇다고 x2년, x3년에 부과되는 건강보험료가 부당한 것은 아니다. 단지 x1년 소득에 대한 보험료를 늦게 내는 개념이기 때문이다. 그럼에도 불구하고 보험료를 일정 금액 조정하여 지역가입자 건강보험료의 부담을 줄여주는 것이 이 제도의 취지이다.

프리랜서 예술인은 예술활동을 하고 대가를 받기로 하는 계약을 주로 체결한다. 예술인의 예술활동에 따른 계약은 용역을 제공하고, 용역을 제공하는 계약은 일정 기간 유지된다. 따라서 계약 기간이 끝나면 계약의 상대방과는 계약이 종료되는데, 이때 계약의 상대방으로부터 받을 수 있는 증명서가 해촉증명서이다. 계약이 종료되면 예술인의 소득이 줄어들 수밖에 없고, 이때 해촉증명서를 제출하면 비록 지금 계산된 건강보험료는 제대로 계산된 것이지만 어느 정도 보험료가 조정되어 해촉된 예술인의 경제적인 부담을 줄여준다. 1인 개인사업자인 예술인은 사업자의 지위에 있으므로 해촉증명서를 제출하여 보험료를 조정받지 못하고, 사업자를 폐업하거나 휴업하는 경우 폐업사실증명원 또는 휴업사실증명원을 제출하여 보험료를 조정받을 수 있다.

건강보험료 조정제도는 소득 발생 시점과 보험료 부과 시점의 시차에 따른 지역가입자 보험료의 부담을 줄여주기 위한 제도이다. 다만 예술인은 계약의 종료로 해촉되었다가 다시 계약하여 예술활동을 지속적으로 하는 경우가 많은데 해촉되었다가 다시 재취업하는 경우는 건강보험료 조정신청 대상이 아니다. 같은 내용으로 1인 개인사업자도 폐업 후 다시 개업하는 경우는 조정신청 대상이 아니다. 이들은 계속 소득활동을 하므로 정당한 보험료를 납부하는 것이 정상적이기 때문이다. 이에 소득이 있음에도 불구하고 보험료 조정제도를 이용하여 보험료를 부당하게 줄이려는 사례가 지속적으로 발생함에 따라 2022년부터 지역가입자 조정 사후정산제도를 도입하였다. 이에 보험료를 조정받은 지역가입자 소득이 사후적으로 확인되면 보험료를 정산하게 되고, 매년 11월에 정산을 시행한다. 즉, 예술활동으로 인한 소득이 지속적으로 발생하는 경우에는 더 이상 해촉증명서 등 제출로 낮은 보험료를 낼 수 없다는 의미이다.

해촉증명서는 프리랜서 예술인의 계약 상대방인 회사, 단체 등으로

부터 받을 수 있다. 또한 건강보험료 조정신청은 지역가입자 스스로 해촉되었음을 증명하여야 하기 때문에 계약이 끝나면 계약 상대방으로부터 해촉증명서를 미리 받아 놓는 것이 좋다. 해촉증명서에는 반드시 계약 상대방의 직인이 있어야 하고, 계약 상대방의 직인이 없는 해촉증명서는 보험료 조정에 사용할 수 없기 때문이다.

국민연금보험료의 납부예외

지역가입자의 국민연금보험료는 소득이 발생하는 등 취득사유가 있으면 사유 발생일의 다음 달 15일까지 자격취득신고를 하여야 하고 이때 기준소득월액을 함께 신고하여야 한다. 이후 국민연금공단으로부터 기준소득월액 변경통지를 받으면 통지를 받은 날의 다음 달 15일까지 기준소득월액 변경신고를 하면 된다. 그리고 지역가입자가 납부하는 국민연금보험료는 지역가입자가 스스로 신고한 기준소득월액에 따라 결정된다.

그러나 소득이 불규칙한 예술인은 일정 기간 같은 금액의 보험료를 내야 하는 국민연금보험료가 상당히 부담스러울 수 있다. 당장 소득이 없는데 노후의 연금을 위하여 보험료를 내는 것도 합리적이지 않다. 이에 지역가입자가 일정 사유로 연금보험료를 낼 수 없으면 그 사유가 계속되는 기간에는 연금보험료를 내지 않을 수 있는데 이를 납부예외라고 한다. 법률에서 규정한 연금보험료를 낼 수 없는 일정 사유 중 예술인에게 발생할 수 있는 사유 첫 번째는 사업중단, 실직 또는 휴직 중인 경우, 두 번째는 병역의무를 수행하는 경우, 세 번째는 학교에 재학 중인 경우, 네 번째는 재해·사고로 소득이 감소하거나 그 밖에 소득이 있는 업무에 종사하지 않은 경우이다.

국민연금보험료의 납부예외사유에 해당하면 국민연금보험료를 납부하지 않을 수 있는데 납부예외사유에 해당한다는 것은 지역가입자가 스스로 증명하여야 한다. 납부예외를 신청하는 경우 사유와 대상 그리고 입증서류를 정리하면 다음과 같다.

납부예외 사유와 입증서류

납부예외 사유	대상	확인방법(입증서류)
사업중단 또는 실직, 휴직	종사직종에서 은퇴하거나 퇴사 · 부도 · 휴폐업으로 소득이 없는 자	퇴직(해촉)증명서 휴폐업사실증명서
병역의무 수행	의무군인으로 군에 입대한 경우	입증서류 필요 없음
학생	학교에 재학 중인 자로서 소득이 있는 업무에 종사하지 않는 학생	재학증명서 학생증
재해 · 사고로 소득이 감소	질병, 부상으로 3개월 이상 입원하거나 기초생활의 유지가 곤란하다고 인정되는 자	진단서 의료 기간 확인서

납부예외사유가 발생하였다면 납부예외를 적용받으려는 지역가입자는 사유 발생일의 다음 달 15일까지 납부예외를 신청해야 한다. 이

때 납부예외신청서와 입증서류를 국민연금공단에 제출하면 된다. 다만, 사유가 발생하였으나 사유 발생일 이후 납부한 연금보험료는 소급하여 환급되지 않으니 참고하자.

국민연금보험은 국가가 국민을 보호하기 위하여 운영하는 연금제도로서 의무가입하여야 하는 보험이므로 소득이 발생하는 등 취득사유가 발생하였다면 누구나 가입하고 보험료를 납부하여야 한다. 그러나 세금의 성격인 건강보험과는 달리 국민연금은 말 그대로 연금이므로 납부한 보험료에 대한 혜택은 전부 본인이 누리게 된다. 따라서 납부예외 사유에 해당하더라도 납부예외를 신청하지 않고 계속 연금보험료를 내는 경우도 있으며, 심지어 노후에 더 많은 연금을 받기 위해 기준소득월액을 상향 신고하여 보험료를 더 많이 내는 경우도 있다. 따라서 납부예외제도는 비록 소득이 불규칙하고 직업안정성이 낮은 예술인에게는 검토해볼 만한 제도인 것은 확실하지만, 납부예외사유에 해당하더라도 지금 당장 내야 하는 연금보험료와 현재 처한 상황 그리고 노후에 받는 연금보험료 등을 고려하여 판단해야 할 것이다.

예술인의 사회보험료 지원

예술은 왜 지원받아야 하는지에 대한 내용[122]과 프리랜서 또는 1인 개인사업자인 예술인은 직업적으로 안정적이지 못하다는 내용[123]을 설명한 바 있다. 이에 예술인복지법이 제정되었고, 한국예술인복지재단에서는 예술인을 위한 지원정책을 운영하고 있다. 근로자가 아닌 예술인이 근로자 정도의 권리를 가질 수 있는 정책 중 하나가 바로 예술인의 사회보험료 지원정책이다. 다만 여기에서 말하는 사회보험료는 프리랜서 또는 1인 개인사업자인 예술인에게는 단지 국민연금만 해당하고 건강보험료는 해당하지 않으므로 국민연금보험료에 대한 지원만 가능하다.

사업장가입자에 해당하는 근로자는 기준소득월액[124]의 9%를 국민연금보험료로 납부하여야 한다. 근로자인 사업장가입자는 연금보험료 중 절반(기여금)인 4.5%는 사업장가입자 본인이 부담하고, 나머지 절반(부담금)인 4.5%는 사용자가 각각 부담한다. 즉, 근로자 국민연금의 절

---

122   이 책 제2장 「예술은 왜 경제적으로 지원받아야 하는가?」, 「예술인을 위한 법률이 필요한 이유」 참고

123   이 책 제4장 「예술인의 직업안정성에 대하여」 참고

124   사업장가입자의 기준소득월액은 소득세법에 따른 근로소득 총급여액과 거의 유사한 금액이다. 지역가입자와 달리 사업장가입자의 취득신고, 기준소득월액 신고 등을 포함한 각종 국민연금과 관련된 업무는 사용자가 대신한다.

반은 회사에서 대신 내주어야 한다. 그러나 근로기준법에 따른 근로자에 해당하지 않는 예술인은 사업장가입자가 아닌 지역가입자이므로 기준소득월액의 9% 전부를 본인이 부담하여야 한다. 이에 한국예술인복지재단은 예술인의 사회보험료 지원정책을 운영하여 근로자와 마찬가지로 국민연금보험료의 절반을 예술인에게 지원한다.

국민연금보험료 계산에 기준이 되는 기준소득월액은 2022년 현재 최소 35만 원부터 최대 553만 원까지이다.[125] 연금의 성격인 국민연금은 내가 낸 보험료에 따라 추후 받을 연금액이 결정되므로 1달에 낼 수 있는 보험료의 상한이 있는 것이다. 기준소득월액의 하한액과 상한액이 위와 같으니 납부할 수 있는 보험료는 기준소득월액의 하한액과 상한액에 9%를 곱한 금액으로 계산된다. 국민연금보험료를 내는 모든 사람은 이 금액 사이에서 보험료가 결정된다. 단지 사업장가입자는 결정된 보험료의 절반만 본인이 부담하고, 지역가입자는 전부 본인이 부담한다.

한국예술인복지재단이 예술인 사회보험료 지원정책으로 지원하는 국민연금보험료는 그 금액에 한도가 있다. 국민연금법에 규정된 기준소득월액의 한도는 553만 원이지만 한국예술인복지재단이 지원하는 보험료에 관한 기준소득월액의 한도는 2022년 현재 100만 원이다.

125　국민연금보험료 기준소득금액 하한액과 상한액은 과거 거의 매년 올랐으므로 앞으로도 계속 오를 것으로 예상한다.

100만 원의 기준소득월액에 9%를 곱한 금액은 90,000원이 되고, 여기에서 절반인 45,000원이 최대 지원액이다. 지원방식은 지역가입자로서 일단 국민연금보험료를 내고 납부가 확인되면 규정된 한도 내에서 보험료를 환급해주는 방식이다. 자세한 지원절차와 시기는 한국예술인복지재단 홈페이지에서 확인할 수 있으나, 사회보험료 지원을 받기 위한 지원대상은 표준계약서를 사용하여 예술활동 계약을 체결하거나 표준계약 관련 교육을 이수한 예술활동증명을 마친 예술인이라는 것은 강조하겠다.[126]

---

126 이 책 제3장 「예술활동증명」 참고

12
／
친구들은
고용보험,
산재보험도
가입했다던데

고용보험과 산재보험

우리나라의 4대 사회보험은 국민연금, 건강보험, 고용보험, 산재보험이다. 여기에서 국민연금과 건강보험은 전 국민을 대상으로 하는 제도로서 사회적 위험으로부터 국민을 보호하는 역할을 하지만, 고용보험과 산재보험은 사회적 위험으로부터 근로를 제공하는 근로자를 보호하는 역할을 하는 제도이다. 따라서 국민연금, 건강보험 그리고 고용보험, 산재보험은 4대 사회보험이라는 범주 안에 함께 묶여있지만, 그 성격은 확연히 다르다고 볼 수 있다. 따라서 국민연금과 건강보험은 근로자인지 여부와 관계없이 소득이 발생하는 등 일정 요건을 갖추면 누구나 보험료를 내야 하지만, 고용보험과 산재보험은 소득이 발생하더라도 근로자가 아니라면 원칙적으로 가입할 수 없으며, 보험료를 내지 않는다. 지금부터 고용보험제도와 산재보험제도에 대하여 간단히 알아보고 예술인에게 고용보험과 산재보험이 어떻게 적용될 수 있는지 확인해보자.

고용보험제도는 근로자가 실직했을 경우 실업수당만 지급하는 실업보험과는 달리 실업수당뿐 아니라 구인구직 정보망 운용, 취업알선 등 노동시장 정책을 적극적으로 연계하여 통합적으로 실시하는 것을 목적으로 1995년에 도입된 사회보장보험이다. 주요 사업으로는 근로자가 실직하였을 때 실업급여를 지급하고, 고용을 유지하거나 고용을 늘리는 사업주를 지원하여 고용안정 및 고용촉진을 지원하며, 근로자가 직업훈련을 받는 경우 일정 비용을 지원한다. 근로복지공단은 고용보험제도를 운용하기 위하여 사업주와 근로자로부터 고용보험료를 징수한다.

산재보험제도는 공업화가 진전되면서 급격히 증가하는 산업재해 근로자를 보호하기 위하여 1964년에 도입된 우리나라 최초의 사회보장보험제도이다. 산재보험제도는 근로자의 업무상 재해와 관련하여 국가가 사업주로부터 소정의 보험료를 징수하고, 산업재해가 발생했을 때 그 재원으로 사업주를 대신하여 보상함으로써 재해 근로자에게는 치료와 생계, 사회복귀를 지원하고, 사업주에게는 일시에 드는 과중한 보상비용을 분산시켜 정상적인 기업 활동을 보장한다.

정리하면 고용보험제도는 실업급여를 지급하고, 교육훈련을 지원하는 등 근로자의 고용안정을 위한 제도이고, 산재보험제도는 근로자가 업무 중 다쳤을 때 건강보험과는 별개로 치료비 등을 지급하는 제도이다. 이 두 사회보장제도는 원칙적으로 모두 근로기준법에 따른 근로자에게만 적용된다. 그렇다면 대부분 프리랜서의 지위에서 예술활동을 하는 예술인은 근로자에 해당하여 고용보험과 산재보험을 적용할 수 있을까? 아니면 근로자가 아니므로 고용보험과 산재보험의 적용이 배제될까? 예술인의 법적 지위에 관하여 확인해보아야겠다.

예술인은 근로자인가? 사업자인가?

예술인은 자신의 예술적 인적용역을 제공하는 자이다. 이런 예술인은 노동을 제공하는 것은 확실하지만 이들이 근로를 제공하는지에 대한 판단은 검토할 필요가 있다. 고용보험과 산재보험의 적용대상은 노동자가 아니고 근로자이기 때문이다. 사실 근로자의 판단 기준은 현재 많은 비판이 있다. 단순히 회사 또는 단체와 종속성이 있는지만을 기준으로 판단하여 근로자에 해당하는지를 결정하는 것은 새로운 직업이 계속 생기고, 노동을 제공하는 형태가 다양해지는 요즘 현대 시대를 제대로 반영하지 못하기 때문이다. 노동을 제공하는 예술인이 단지 종속성이 없거나 적다고 하여 근로자가 아니므로 고용보험과 산재보험의 보호를 받을 수 없다는 이분법적인 잘못된 판단을 할 수도 있다는 것이다.

'예술인은 근로자인가? 사업자인가?'라는 질문에 현재 대한민국의 정책과 법률은 사업자라고 대답하고 있다. 예술인은 근로자가 아니므로 우리나라의 노동법이 대부분 적용되지 않으며, 고용보험과 산재보험도 가입대상이 아니라는 의미이다. 실질이 사업자인 예술인은 노동법이 적용되지 않고, 고용보험과 산재보험에 가입하지 않는 것이 맞지만, 근로자의 성격이 짙은 예술인마저 사업자의 범주에 포함하여 모두 사업자 취급을 하고 있다는 점에 문제가 있다. 물론 법원의 판결에서는 실질에 따라 종속성의 유무를 판단하여 근로자성을 인정하고 있지만,[127] 근로자성 인정을 위해 법원의 판단까지 기다려야 한다는 불확실한 사실은 예술인에게는 매우 괴로운 일이다. 예술인에게 현실은 그리 좋지 않다. 그러나 긍정적인 부분은 현재 예술인의 복지에 지속적인 연구와 제도개선이 진행 중이라는 것이다. 어쨌든 법률과 제도가 개선되어 예술인의 법적인 지위가 안정되기 전까지 예술인은 현재 대한민국에서 운영 중인 예술인의 복지정책을 잘 활용할 지혜가 필요하다.

고용보험제도와 산재보험제도로 돌아와서, 그렇다면 대한민국 예술인은 사회적 위험으로부터 위 제도의 보호를 받을 수 있을까? 과거에 예술인은 근로자가 아니므로 고용보험과 산재보험에 가입할 수 없었다. 그러나 2012년 11월 예술인복지법 시행으로 한국예술인복지재단이 설립되었고, 이와 함께 산업재해보상보험법이 개정되면서 예술인이 한국예술인복지재단을 통해 산재보험에 선택적으로 가입할 수 있게 되었다. 그리고 2020년 12월 고용보험법 개정으로 문화예술용역을 제공하는 예술인과 계약을 체결할 때 사업주는 예술인에게 고용보험에 가입해주어야 하는 예술인 고용보험제도가 시행되었다. 이번 장에서는 예술인 고용보험과 산재보험을 살펴보자.[128]

127 이 책 제5장 「프리랜서인데 근로자로 볼 수 있다?」 참고
128 예술인이 고용보험과 산재보험에 가입할 수 있다고 하여 예술인을 근로를 제공하는 근로자로 보는 것은 아니다.

예술인 고용보험 : 예술인

2020년 12월 10일 모두의 우려와 걱정 속에 예술인 고용보험제도가 시행되었다. 문화예술용역을 제공하는 예술인[129]과 계약을 체결하는 사업주 등은 해당 예술인에게 고용보험에 가입해줘야 하는 의무가 생긴 것이다. 그렇다면 예술인에게 고용보험은 왜 필요할까? 예술인들은 작품을 제작하는 기간에만 고용되는 경향이 있기 때문에 작품에 참여하지 않으면 장기간 실업상태를 겪게 된다. 또 업무 숙련도나 대중 인지도에 따라 노무 대가의 격차가 매우 심하여 일부 유명 예술가를 제외하고는 대부분 낮은 소득수준을 가지고 있기 때문에 실업상태를 직면할 경우 예술활동을 하고 생계를 유지하는 데 큰 타격을 받게 된다. 이 경우 재능 있는 예술인들이 예술활동을 중단하거나 다른 분야로 전업하는 결과를 초래하여 결과적으로는 우리나라 문화예술계 발전에 큰 악영향을 미칠 수 있다.[130] 실제로 저자 주변 몇몇 예술인들은 지난 전 세계적인 감염병 유행 기간에 결국 예술활동을 중단하고 다른 직업을 선택하기도 했다.

예술인 고용보험은 실업 상태에 있거나 출산으로 예술활동을 하지

---

129 예술인복지법에 따른 예술활동증명 여부와는 관계없다.
130 문화체육관광부 연구자료, 「문화예술용역 운용지침서 개정판」, 문화체육관광부, 2021, p.9

못하는 예술인에게 급여를 지급함으로써 예술인의 직업 안정성을 높이는 데 목적이 있다. 즉, 예술인이 고용보험에 가입하는 목적은 실업급여와 출산전후급여를 받는 것이다. 일반적인 고용보험은 고용안정 및 직업능력개발 사업 등도 포함되지만 현실적으로 예술인에게 필요한 것은 국가 지원 교육이 아닌 필요한 상황에서 급여 지급이므로 제도의 목적은 충분히 만족할 수 있는 것으로 보인다.

예술인 고용보험은 마치 근로자가 회사에 입사하면 회사는 당연히 근로자를 4대 보험에 가입해주어야 하는 것처럼 예술인이 사업주와 문화예술용역을 제공하는 계약을 체결하면 사업주는 예술인을 고용보험에 가입해주어야 한다. 고용보험 가입대상은 예술인이지만 관련된 업무는 사업주가 대신해주어야 한다는 의미이다. 예술인은 문화예술용역을 제공하는 계약을 체결하여 의무를 이행하고, 급여를 수급할 수 있는 요건이 되었을 때 근로복지공단에 급여를 청구하여 수령할 수 있다. 여기에서 실업급여 및 출산전후급여 수급과 관련하여 가장 중요한 점은 고용보험 가입대상 계약 구분과 고용보험 가입 기간이다.

우선 예술인 고용보험 가입대상 계약을 구분해보자. 예술인 고용보험은 예술활동을 하는 모든 예술인이 가입하는 것은 아니고, 예술인이 직접 문화예술과 관련된 용역을 제공할 때 가입하게 된다. 예술인 대부분은 자신의 인적용역을 제공함으로써 예술활동을 하기 때문에 예술인 고용보험 가입대상 계약에 해당하는 경우가 많지만, 이미 완성된 작품의 소유권 양도 계약, 저작재산권 양도 계약, 저작물 이용 허락 계약 등은 계약 내에서 예술인의 용역이 직접 사용되는 것은 아니므로 고용보험 가입 대상 계약이 아니다. 또한 문화예술교육과 관련된 용역 계약과 무상으로 제공되는 계약은 고용보험 가입대상이 아니며, 예술인이 사업주와 근로계약을 체결한 경우에는 근로자 고용보험에 가입해야 하므로, 예술은 고용보험 적용 대상에서 제외된다.

다음은 급여를 수급할 수 있는 가입기간을 살펴보겠다. 예술인이 예술인 고용보험 가입대상 계약을 체결하고 예술활동을 했다면, 고용보험 가입기간이 누적된다. 이렇게 고용보험 가입기간이 누적된 예술인이 노무제공 의사와 능력이 있음에도 불구하고 계약을 체결하지 못해 실업 상태에 있는 경우로서 이직일 이전 24개월 동안 고용보험에 가입된 기간이 모두 합쳐 9개월 이상이면 실업급여를 수급할 수 있는 요건을 갖추게 된다. 이때 실업급여액과 지급기간은 고용보험 가입 기간과 납부한 보험료에 따라 달라진다. 그 밖에 실업신고, 구직등록, 교육이수 등 실무 절차는 한국예술인복지재단 홈페이지 예술인 고용보험 정보를 참고하자.

실업급여 이외에 예술인이 예술활동을 하다가 출산[131]을 하게 되는 경우 출산일 전 고용보험에 가입한 기간이 3개월 이상이면 출산전후

---

131   유산과 사산을 포함한다.

급여를 받을 수 있다. 출산전후급여는 예술인이 출산의 사실만 있으면 수급요건 및 절차가 상대적으로 간단하므로 반드시 고용보험에 가입하여 급여를 받기 바란다. 물론 예술인 고용보험 가입대상 계약을 체결한 예술인이라면 당연히 고용보험에 가입이 되는 것이지만, 실무적으로 예술인의 고용보험은 사업주가 가입해주어야 하는 절차를 이행해야 하므로 예술인에게 고용보험에 가입하여 급여를 받기를 바란다는 표현은 틀린 표현이라고 볼 수 있다.[132] 그렇다면 이제 사업주의 예술인 고용보험 관련 내용을 살펴보겠다.

---

132 사업주가 예술인 고용보험에 가입해 주지 않는다면, 예술인이 직접 문화예술용역제공 계약서 등을 근로복지공단에 제출하여 고용보험에 가입할 수 있다.

예술인 고용보험 : 사업주

예술인 고용보험 제도가 도입되면서 과연 문화예술 사업주가 문화예술용역을 제공하는 예술인과 계약을 체결하면서 예술인 고용보험에 가입해주어야 하는 실무를 제대로 이행할 수 있는지가 가장 걱정되었던 부분이다. 예술인은 계약체결 후 예술활동을 하고, 요건이 갖춰지면 신청하여 실업급여 등을 받으면 되지만, 사업주는 근로복지공단에 예술인 고용보험 관련 서류를 제출하고 보험료를 납부하는 등 실질적인 업무를 직접 하기 때문이다. 실제로 예술인 고용보험 제도가 시행되었을 때 영세한 문화예술 사업주의 업무 부담이 과할 수 있다고 지적되기도 했다. 다만, 이 책은 문화예술과 관련된 제도를 비판하거나 평가하는 책은 아니므로 문화예술사업주가 이행하여야 하는 예술인 고용보험 관련 업무 내용만 소개하기로 한다.

사업주는 가장 먼저 예술인과 체결한 계약이 예술인 고용보험 가입 대상 계약인지를 먼저 판단해야 하고,[133] 가입 대상이라면 해당 예술인이 일반예술인인지, 단기예술인인지를 구분해야 한다. 계약기간이 1개월 이상이라면 일반예술인으로, 1개월 미만이라면 단기예술인으

---

133 예술인과 체결한 계약이 예술인 고용보험에 가입해주어야 하는 계약인지 판단 여부는 문화체육관광부에서 발간하는 문화예술용역 운용지침서에 문화예술 분야별로 자세히 안내되어 있다.

로 구분하며, 실무에서는 실질 계약기간이 1개월 이상이라고 하더라도 계약기간이 명확하지 않은 대체 가능한 업무에 관하여 용역제공일에 일당을 곱하여 대가를 지급하는 계약을 체결한 경우에는 단기예술인으로 구분하는 경우도 있다.[134]

우선 일반예술인의 고용보험 관련 업무 흐름을 살펴보자. 예술인 고용보험 대상 계약을 체결한 사업주는 고용보험관계 성립신고(이하 '성립신고')를 해야 한다. 성립신고란 해당 사업주는 앞으로 예술인 고용보험 대상 계약을 체결하니 예술인 고용보험 관련 업무를 한다는 사실을 근로복지공단에 알리는 절차라고 생각하면 된다. 따라서 성립신고는 최초 1회만 하면 된다. 성립신고가 되었다면 사업주는 예술인 고용보험 가입 대상 계약을 체결할 때마다 고용보험 피보험자격 취득신고(이하 '취득신고')를 해야 한다. 취득신고는 예술인 인적사항, 계약기간, 보수 등을 근로복지공단에 신고하는 절차로서 취득신고를 해야 해당 예술인의 고용보험 가입기간이 시작되고, 보험료를 산정하여 납부할 수 있다. 그리고 계약이 종료되면 고용보험 피보험자격 상실신고(이하 '상실신고')를 해야 하며, 상실신고를 하면 예술인의 고용보험 가입기간이 종료되고, 사업주는 더 이상 보험료를 내지 않는다. 여기까지가 일반예술인 고용보험 관련 사업주가 근로복지공단에 신고하는 내용이다.

---

134 단기예술인으로 구분하면 상대적으로 사업주 업무 부담이 줄어든다.

다음은 단기예술인 고용보험 관련 업무를 살펴보면, 최초 1회 성립 신고는 마찬가지로 해야 한다. 다만, 일반예술인과 단기예술인 각각 성립신고를 하는 것은 아니고 어떤 유형으로 신고하든 성립신고는 최초 1회만 하면 된다. 이후 매월 1일부터 말일까지 예술인의 인적사항, 용역제공일, 보수 등이 기재된 고용보험 노무제공내용 확인신고서를 다음 달 15일까지 제출하면 된다. 즉, 단기예술인으로 구분된 경우 노무제공내용 확인신고서만 매달 제출하면 되고, 취득신고 또는 상실 신고를 계약마다 할 필요는 없다. 그렇기 때문에 계약 내용과 종류가 다양하고, 그러한 계약이 다수인 문화예술 사업주의 업무 특성상 단기예술인으로 구분하여 고용보험 업무를 처리하면 상대적으로 사업주의 업무 부담이 줄어들 수 있다.

문화예술 사업주 예술인 고용보험 업무 흐름

예술인 고용보험 가입 대상 계약 판단

⬇️

고용보험관계 성립신고 (최초 1회)

일반예술인	단기예술인

취득신고 (계약마다)	노무제공내용 확인신고 (매월 1회)

상실신고 (계약마다)

고용보험료 계산과 납부

예술인 고용보험과 관련된 업무는 사업주가 이행하지만, 보험료는 예술인이 절반, 사업주가 절반을 부담한다. 보험료는 예술인과 사업주가 각각 근로복지공단에 내는 것이 아니고 사업주가 예술인 부담분까지 전부 내므로 예술인에게 대가를 주는 사업주는 정확한 고용보험료를 계산해서 그중 절반을 대가를 지급하는 때 공제하고 지급해야 한다. 마치 프리랜서 예술인에게 대가를 줄 때 3.3%인 세금을 원천징수하고, 세무서와 지방자치단체에 미리 원친징수 해놓은 세금을 사업자가 대신 납부해주는 것과 같은 논리이다.

정확한 보험료를 계산하기 위해서는 월평균소득, 월평균보수, 필요경비, 기준보수, 보험요율 등 용어를 알고 있어야 한다. 월평균소득이란 계약금액을 종사개월수로 나누어 월 단위로 산정한 금액을 말하며, 월평균보수란 보험료 산정의 기준이 되는 금액으로서 필요경비를 뺀 금액을 말한다. 필요경비는 예술인의 소득에서 필요경비율 25%를 곱한 금액을 말하고, 기준보수는 보험료 계산의 하한선이 되는 월평균보수로 현재 80만 원으로 정해져 있다. 보험료율은 월평균보수에 곱하는 요율로서 2022년 7월 1일부터 1.6%로 변경되었다. 이 용어를 사례를 통해 확인하여 보험료를 계산해보자.

문화예술용역을 제공하는 어느 예술인이 사업주와 계약을 체결한 것으로 가정하겠다. 이 계약은 예술인 고용보험 가입 대상 계약이며 계약기간은 3개월이고, 대가는 계약 개시일에 200만 원, 계약 종료일에 400만 원을 지급하는 조건이다. 이때 예술인 고용보험료를 계산해보자. 우선 전체 계약금액은 600만 원이다. 그리고 계약기간은 3개월이므로 월평균소득은 200만 원으로 계산된다. 또한 전체 계약금액에 대한 필요경비는 경비율 25%를 곱한 금액인 150만 원이 되고, 이를 반영한 월평균보수는 150만 원으로 계산된다. 이때 월평균보수는 기준보수인 80만 원 이상이므로 월평균보수 150만 원에 보험료율인 1.6%를 곱하면 24,000원의 보험료가 계산된다. 이 보험료 중 절반인 12,000원은 예술인이 부담하고, 12,000원은 사업주가 부담하여 3개월마다 24,000원의 보험료를 근로복지공단에 납부하면 된다. 해당 계약에 관한 전체 예술인 고용보험료는 24,000원에 3개월을 곱한 금액인 72,000원이다.

월평균소득 = 6,000,000원 ÷ 3개월 = 2,000,000원

월평균보수 = 2,000,000원 − (2,000,000원 × 25%) = 1,500,000원

고용보험료 = 1,500,000원 × 1.6% = 24,000원

예술인 부담분 = 24,000원 × 50% = 12,000원

사업주 부담분 = 24,000원 × 50% = 12,000원

예술인이 부담하는 고용보험료는 예술인에게 대가를 지급하는 때 원천징수하여 사업주가 갖고 있다가 사업주 부담분과 합쳐서 근로복지공단에 보험료를 납부하면 된다고 설명한 바 있다. 따라서 계약 개시일에 200만 원을 지급하고, 계약 종료일에 400만 원을 지급하기로 정했으므로 이때 보험료는 빼고 대가를 지급해야 한다. 이때 예술인 부담분 보험료를 원천징수 해야 하는데, 계산 편의상 대가에서 어떤 요율을 곱하면 되는지를 미리 계산해놓으면 보험료를 계산하는 데 큰 도움을 준다. 계약대가에서 예술인이 부담하는 실질 보험료율은 아래와 같다.

[계약대가 − (계약대가 × 25%)] × 1.6% × 50%

= 계약대가 × 75% × 0.8%

= 계약대가 × <u>0.6%</u>

예술인 부담 실질 보험료율

실질 보험료율이 0.6%이므로 사업주는 계약 개시일에 200만 원을 지급할 때 0.6%를 곱한 금액인 12,000원을 보험료로 원천징수하면 되고, 계약 종료일에 400만 원을 지급할 때 0.6%를 곱한 금액인 24,000원을 보험료로 원천징수하면 된다. 보통 프리랜서와 계약하는 경우 사업소득으로 구분하여 3.3%를 함께 공제하므로 이를 포함하여 이번 계약에서 현금 흐름을 보면 아래와 같다.[135]

---

135 보험료와 세금을 합쳐 3.9%를 원천징수하고 지급하면 된다.

	계약금액	보험료	세금	실지급액
계약 개시일	2,000,000원	12,000원	66,000원	1,922,000원
계약 종료일	4,000,000원	24,000원	132,000원	3,844,000원
합계	6,000,000원	36,000원	198,000원	5,766,000원

원천징수한 보험료는 근로복지공단에 사업주 부담분과 함께 납부하면 되고, 원천징수한 세금은 세무서와 지방자치단체에 각각 납부하면 된다.

산재보험에 반드시 가입하자!

　예술인이 산재보험에 가입할 수 있는 방법은 중소기업사업주에 대한 산재보험 특례에 따른 방법과 한국예술인복지재단의 예술인 산재보험 가입제도에 따른 방법이 있다. 중소기업사업주에 대한 산재보험 특례는 실제 근로에 종사함으로써 근로자와 같이 재해 위험에 노출된 중소기업 사업주(**근로자를 사용하지 않는 사람 포함**)를 업무상 재해로부터 보호하기 위해 산재보험에 가입할 수 있도록 하는 제도이다. 그리고 예술인 산재보험 가입제도는 직업 예술활동 중 크고 작은 사고에 무방비하게 놓여 있는 예술인을 보호하는 사회보험 제도이다. 사실상 자신이 직접 인적용역을 제공하는 예술인은 예술인 산재보험에만 가입하면 되므로 중소기업사업주에 대한 산재보험 특례제도는 소개하지 않겠다.

　예술인 산재보험 제도는 프리랜서 또는 사업자 구분 없이 가입할 수 있고, 한국예술인복지재단은 예술인이 직접 산재보험에 가입하는 데 따르는 정보부족과 행정처리의 어려움을 보완하기 위해 가입 등 보험사무를 대행하며, 보험료 부담 경감을 위해 납부보험료를 환급 지원한다. 예술인 산재보험 제도는 예술인의 선택에 따라 가입할 수 있으며 납부하는 산재보험료를 예술인이 직접 선택하여 납부할 수 있다. 이때 부담하는 산재보험료에 따라 산업재해가 발생하였을 때 받을 수 있는 치료비 등이 결정된다.

예술인 산재보험은 예술활동을 하는 직업예술인이라면 누구나 가입할 수 있다. 즉, 예술활동증명을 하지 않더라도 가입할 수 있다는 의미이다. 그러나 예술활동증명을 하면 한국예술인복지재단이 보험 사무 업무대행을 해주며, 예술인이 선택하여 부담하는 산재보험료를 최대 90%까지 환급하여 지원하므로 예술활동증명을 우선 마치는 것이 유리하다. 만약 프리랜서 예술인이 예술인 산재보험에 가입하지 않은 상태에서 예술활동을 하다가 산업재해가 발생하였다면 이를 구제할 수 있는 방법은 재판을 통해 프리랜서의 근로자성을 인정받는 방법이 있다.[136] 그러나 재판을 받는 경우 판결이 결정되기까지 시간과 비용이 소요되며, 결정적으로 최종 판결에서 근로자성을 인정받지 못할 수도 있다.

공연예술 현장에서 일했던 저자는 예술인에게 가장 필요한 제도가 바로 예술인 산재보험이라고 생각한다. 실제로 같은 현장에서 발생하는 산업재해를 여러 번 본 적이 있다. 예술을 하는 공간은 종종 큰 위험이 내재되어 있다. 특히 공연예술은 무대라는 공간 자체가 매우 위험한 공간이기 때문에 예술인의 주의가 항상 필요하다. 가장 좋은 것은 예술활동을 하면서 다치지 않는 것이다. 그러나 산업재해는 아

136   이 책 제5장 「마음 아픈 이야기」 참고

무리 주의하더라도 예고 없이 찾아올 수 있다. 따라서 예술활동을 하는 예술인이라면 예외 없이 한국예술인복지재단 예술인 산재보험에 가입하여 모두 산재보험의 제도 내로 들어오길 바란다.

13

사업자등록:
예술인 사장님

부가가치세의 흐름
사업자등록
세금계산서를 작성해보자
면세사업자는 누구일까?

부가가치세의 흐름

부가가치세는 이름 그대로 부가가치가 과세대상인 세금이다. 부가가
치세를 영어로 하면 'Value Added Tax, VAT' 인데 직역하면 더해진
가치에 대한 세금이라는 의미이다. 부가가치란 재화의 생산 및 유통
또는 용역의 제공에서 각 거래 단계의 사업자가 새로이 창출하여 증
가한 부의 가치로 정의할 수 있다.[137] 예를 들어 당신이 100원의 재료
를 구매하여 물건을 만들고 300원에 팔았다면 여기에서 창출된 부가
가치는 200원이다. 이 200원을 과세대상으로 하는 세금이 부가가치
세라는 것이다. 만약 다른 사람이 당신이 만든 물건을 300원에 구매
하고 새로운 물건을 다시 만들어 최종소비자에게 1,000원에 팔았다
면 그 다른 사람이 창출한 부가가치는 700원이 될 것이다.

현행 우리나라의 부가가치세법은 부가가치세를 계산하는 데 있어
전단계 세액공제법을 채택하고 있다. 이는 판매한 금액 전체를 과세
대상으로 하여 부가가치세를 계산하고 여기에 구매한 금액 중 부가가
치세액을 공제하여 납부액을 계산하는 방법이다. 위 사례를 통해 이
구조를 이해해보면, 당신이 100원의 재료를 구매했을 때 당신은 재
료판매자에게 100원이 아닌 부가가치세를 포함하여 110원을 주었을

---

137 김두형, 『부가가치세법론』, 피앤씨미디어, 2016, p.16-17

것이다. 이 중 100원은 순수 재료비이고, 10원은 부가가치세액이다. 당신이 이 재료를 이용하여 새로운 물건을 만들고 300원에 다른 사람에게 판매하는 경우 당신은 다른 사람으로부터 300원만 받는 것이 아니고, 부가가치세를 포함하여 330원을 받게 된다. 이때 당신이 판매한 물건에 대한 금액인 300원은 과세대상으로서 부가가치세율 10%를 곱한 30원이 매출세액이 되고, 재료를 구매한 금액 중 부가가치세에 해당하는 10원이 매입세액이 되어 당신이 납부해야 하는 부가가치세는 30원에서 10원을 공제한 20원이 되는 것이다. 이는 당신이 창출한 부가가치 200원에 부가가치세율 10%를 곱한 금액과 같아진다.

다음 단계의 거래도 전단계 세액공제법을 적용해보자. 당신이 330원을 받고 판매한 물건을 다른 사람이 새로운 물건을 다시 만들어 최종소비자에게 1,000원에 팔았다면, 실제로 가격표에는 부가가치세가 포함되어 1,100원이 적혀있을 것이고, 최종소비자는 가격표에 있는 1,100원을 주고 그 새로운 물건을 구매하였을 것이다. 이때 그 다른 사람의 매출세액은 과세대상인 1,000원에 부가가치세율 10%를 곱한 100원이 되고, 당신에게 지급한 330원 중 부가가치세에 해당하는 30원은 매입세액이 되어 100원에서 30원을 뺀 70원이 다른 사람이 납부해야 하는 부가가치세액이 된다. 이를 그림으로 이해하면 다음과 같다.

| 재료 판매자 | 납부할 부가가치세 : <u>10원</u> |
| | 10원 − 0원 |

↓

재료값 100원
부가가치세 10원
합계 110원에 판매

| 당신 | 납부할 부가가치세 : <u>20원</u> |
| | 30원 − 10원 |

↓

물건값 300원
부가가치세 30원
합계 330원에 판매

| 다른 사람 | 납부할 부가가치세 : <u>70원</u> |
| | 100원 − 30원 |

↓

새로운 물건값 1,000원
부가가치세 100원
합계 1,100원에 판매

| 최종소비자 |

그림을 보면 부가가치는 거래의 단계가 넘어갈 때 발생한다는 것을 알 수 있다. 부가가치세는 부가가치세 과세대상 거래가 있을 때 납부의무가 생기는 거래세, 유통세의 성격을 지니고 있다. 즉, 부가가치세 과세대상 거래단계에 있는 모든 사람은 부가가치세의 납부의무가 있는 것이다. 그러나 그림의 거래단계에서 유일하게 부가가치를 창출하지 않는 사람이 있다. 바로 최종소비자이다.

최종소비자는 거래 단계를 통해 창출된 모든 부가가치를 직접 누리는 자로서, 재료판매자와 당신 그리고 다른 사람이 창출한 부가가치에 대한 부가가치세를 실질적으로 부담하게 된다. 최종소비자가 구매하는 실제 물건값은 1,000원이지만 최종소비자는 가격표에 있는 부가가치세가 포함된 금액인 1,100원을 내는데, 이 100원을 자세히 들여다보면 재료판매자와 당신 그리고 다른 사람이 납부하는 부가가치세액을 모두 합친 금액이라는 것을 알 수 있다. 최종소비자가 부담하는 100원이 거래 단계에서 재료판매자와 당신 그리고 다른 사람에 의해 대신 납부되고, 최종소비자는 부가가치세법에 따른 어떠한 의무도 지지 않게 된다.

물론 다른 사람이 공급한 물건을 최종소비자가 1,100원을 내고 구매할 의사가 없다면 말이 달라질 수 있다. 예를 들어 다른 사람과 최종소비자의 협상에 따라 1,100원 아닌 1,000원에 최종소비자가 구매하기로 결정되었다면 실질적인 부가가치세의 부담이 전가되기 때문이다. 부가가치세는 최종소비자가 부담하는 것이 일반적이지만 이것을 강제할 수 있는 사법상의 권리는 없고[138] 단지 경제원리에 따라 물건을 사고파는 당사자들 사이에서 가격 협상을 통해 결정할 수밖에 없다는 의미이다.

공연산업으로 예를 들어보자. 하나의 공연이 만들어지기까지 수없이 많은 거래가 있고, 그 거래가 부가가치세 과세대상 거래에 해당한다면 서로 부가가치세를 주고받으며, 부가가치세의 흐름에 따라 창출된 부가가치만큼 그 세액이 결정되고 납부된다. 그렇게 많은 거래를 통해 최종적으로 공연이 만들어지면 모든 창출된 부가가치가 그 공연에 모이고, 이는 공연 표를 통해 공연을 보는 즉, 부가가치를 누리는 관객들에게 전가될 것이다. 관객들이 구매하는 표 가격에 부가가치세가 포함되어 있기 때문이다. 그러나 공연 표 판매가 부진한 경우 표 가격을 할인하여 관객을 유인할 수 있는데 이때 정해지는 표 가격은 경제원리에 따라 결정된다.

---

138 대법원 2002. 11. 22. 선고 2002다38828 판결

사업자등록

　사업자등록에 관해 알아보기 전에 사업자란 무엇인지 먼저 확인할 필요가 있다. 사업자란 사업 목적이 영리이든 비영리이든 관계없이 사실상 독립적으로 재화 또는 용역을 공급하는 자를 말한다. 사업자의 정의를 자세히 살펴보자. 첫 번째는 재화 또는 용역을 공급하여야 한다. 예술활동을 하는 것은 인적용역을 제공할 때는 용역의 공급이 될 수도 있고, 예술작품이나 저작권과 같은 권리를 공급하는 때에는 재화의 공급이 될 수도 있다. 즉, 예술활동을 하는 것은 부가가치세 과세대상이라는 것이다. 두 번째는 독립성이 있어야 한다. 독립성이 없이 재화나 용역을 공급한다면 이는 사업자가 아닌 회사 또는 단체 등에 소속된 근로자가 된다. 세 번째는 영리 목적에 불문한다는 것이다. 따라서 국가나 지방자치단체 또는 비영리 활동을 하는 단체, 법인도 사업자로서 부가가치세와 관련된 의무가 있다. 마지막으로 계속성, 반복성이 있어야 하는데 예술활동을 하는 예술인은 예술활동을 한두 번 하고 끝나지 않으므로 계속성, 반복성이 있다고 할 수 있다.

　다시 정리하면 사업자는 영리 목적에 불문하고 독립적으로 재화 또는 용역을 계속·반복적으로 공급하는 자를 의미한다. 위 정의에 적합하면 당연히 사업자가 되는 것이고 사업자등록을 하지 않았다고 하여 사업자가 아닌 것은 아니다. 부가가치세의 납세의무자는 사업자이고, 사업자인지는 사업자등록 여부와는 관계없으므로 위 사업자 정의에 해당하면 부가가치세 납세의무가 있다. 그럼에도 불구하고 사업자에 해당하지만, 사업자등록을 하지 않고 부가가치세 납부의무를 이행하지 않는다면 과세관청에서 직권으로 사업자등록을 하고 부가가치세를 과세하는데, 실무에서는 보통 예술활동을 계속하다 보면 주변으로부터 사업자등록을 할 수밖에 없는 상황에 놓이므로 직권으로 등록되는 경우는 흔하지 않다.

예술활동을 하는 예술인은 사업자에 해당하고 따라서 사업자등록을 하여 부가가치세와 관련된 각종 의무를 이행하여야 하지만 여기에도 예외가 있다. 바로 사업소득자인 프리랜서이다. 프리랜서는 네 가지 사업자의 정의에 모두 해당하지만 이들은 부가가치세법에서 면세로 규정되어 있기 때문에 사업자가 아니므로 사업자등록을 할 필요가 없고, 부가가치세를 납부할 의무도 없다.[139] 그러나 프리랜서도 법인을 설립하여 예술활동을 하거나 직원을 고용하거나 물적 시설을 구매 또는 임차한다면 프리랜서의 지위를 유지할 수 없으므로 사업자등록을 하여야 한다.

이제 사업자등록을 하는 방법을 살펴보자. 예술활동을 하는 예술

---

139   이 책 제4장 「프리랜서의 요건」 참고

인이 필요에 따라 사업자등록을 하려는 경우에는 세무서에 직접 방문하여 사업자등록을 하거나 국세청 홈택스 홈페이지에 로그인하여 사업자등록을 할 수도 있다. 예술 관련 서비스업은 인가나 허가 등이 필요하지 않으므로 예술활동을 주로 하는 장소의 임대차계약서, 신분증과 함께 사업자등록 신청서를 작성하여 제출하면 된다. 국세청 홈택스 홈페이지에서 사업자등록을 하려는 경우에는 홈페이지 상단의 '신청/제출' '사업자등록신청/정정 등' '사업자등록신청(개인)'을 선택하여 사업자등록을 신청할 수 있으며 관련 서류는 업로드하는 방법으로 제출한다. 이때 업태와 종목을 선택하여야 하는데 예술과 관련된 업태는 한국표준산업분류표에 따라 예술, 스포츠 및 여가 관련 서비스업에 해당한다. 이 대분류에는 창작, 예술 및 여가 관련 서비스업이 포함되며, 다만 조명기, 음향기 등의 공연제작 설비 임대는 기타 산업용 기계 및 장비 임대업으로 분류되고, 영화제작, 배급, 상영 및 관련 서비스업은 영화, 비디오물, 방송프로그램 제작 및 배급업으로 분류된다. 다음은 종목을 선택해야 하는데 다음의 예술, 스포츠 및 여가 관련 서비스업의 분류표 중 예술 관련 서비스업에서 자신의 종목을 확인해보자.

대분류 R. 예술, 스포츠 및 여가 관련 서비스업

921. 창작 및 예술 관련 서비스업

코드 번호	종목		적용범위 및 기준
	세분류	세세분류	
921401	기타 창작 및 예술관련 서비스업	공연기획업	공연예술 행사를 기획, 조직 및 관리하는 산업활동을 말한다. 이 사업체는 공연시설을 소유할 수 있다.
921402	공연단체	무용 및 음악단체	무용 및 음악단체를 운영하는 산업활동을 말한다. (예시: 현대무용단, 국악단체, 고전무용단, 발레단, 포크댄스단, 밴드단, 오케스트라, 탭댄스단, 재즈단)
921403	공연단체	연극단체	실황극을 공연하는 공연단체를 운영하는 산업활동을 말한다. 이 사업체는 극장시설을 소유할 수 있다. (예시: 음악연극 단체, 오페라 극단, 뮤지컬 극단, 코미디 극단, 인형 극단)
921405	기타 창작 및 예술관련 서비스업	공연 및 제작관련 대리업	영화, 텔레비전, 연극 제작을 위하여 제작자의 주문에 따라 연기자를 공급하는 배역 서비스와 영화 제작, 연극 제작 스포츠 또는 기타 공연물 제작에 관련하여 제작자를 대리하여 장소 및 예약 등을 대리하는 산업활동을 말한다.

코드 번호	종목		적용범위 및 기준
	세분류	세세분류	
921407	공연단체	기타 공연단체	기타 공연 예술단체를 운영하는 산업활동을 말한다. (예시: 서커스단, 마술쇼단, 아이스스케이팅단)
921901	공연시설 운영업	공연시설 운영업	극장, 음악당 및 기타 실연극을 공연하는 시설을 운영하면서 자체 제작한 오페라, 연극, 음악회 등을 공연하는 산업활동을 말한다. 공연시설을 운영하면서 부수적으로 단기간 공연시설을 대관하고 수수료를 받는 경우도 포함한다. (예시: 극장 운영, 음악당 운영, 연극장 운영)
923200	박물관 및 사적지 관리 운영업	박물관 운영업	일반 대중에게 미술 공예품, 조각품, 순수 과학물, 응용 과학물, 문화재 등을 진열하여 관람시키는 일반 또는 전문 박물관 시설을 운영하는 산업활동을 말한다. (예시: 천문관, 과학관, 미술관, 예술품 전시관, 역사 박물관)

세금계산서를 작성해보자

사업자인 예술인이 예술활동을 하고 대가를 받는 경우 부가가치세를 함께 받는다. 이 부가가치세는 부가가치세의 흐름에 따라 예술인에게 있어서는 매출세액이 되어 납부하는 세금이 되고, 대가를 예술인에게 주는 사업자에게 있어서는 매입세액이 되어 공제되는 세금이 된다. 이때 예술인은 대가를 주는 자에게 세금계산서를 발급해줘야 한다. 세금계산서는 부가가치세 과세대상 거래에 대하여 대금을 지급하는 자에게 대금을 지급받는 자가 발급하는 일종의 영수증을 의미한다.[140]

예술활동을 한 예술인이 세금계산서를 발급하는 때에는 세금계산서를 2장 작성하여 1장은 예술인이 갖고, 나머지 1장은 계약의 상대방에게 발급하게 된다. 여기에서 예술인이 갖는 세금계산서는 매출 세금계산서가 되고, 상대방에게 발급하는 세금계산서는 매입 세금계산서가 된다. 전자를 공급자 보관용 세금계산서라고 하며 후자를 공급받는 자 보관용 세금계산서라고 하는데, 예술인이 예술활동을 공급하게 되고, 계약의 상대방이 예술인으로부터 예술활동을 공급받게 되기 때문이다. 이러한 세금계산서는 다음과 같다.

---

140 엄밀히 말하면 세금계산서는 재화 또는 용역을 공급하는 경우 발급하는 것으로서 대가의 지급 여부와는 관계가 없다. 재화 또는 용역을 공급하였으나 대가를 못 받은 때에는 대손세액공제 제도를 통하여 납부한 부가가치세를 추후에 공제, 환급받을 수 있다.

세금계산서 양식: 부가가치세법 시행규칙 [별지 제14호 서식]

세금계산서(공급자 보관용)

책 번 호 [권   호]
일 련 번 호 [ ] - [   ]

공급자	등 록 번 호		-		-				공급받는자	등 록 번 호				
	상호(법인명)			성 명 (대표자)						상호(법인명)			성 명 (대표자)	
	사업장 주소									사업장 주소				
	업 태			종 목						업 태			종 목	

작성			공 급 가 액											세			액							비 고
연	월	일	공란수	조	천	백	십	억	천	백	십	만	천	백	십	일	천	백	십	억	천	백	십	만 천 백 십 일

월	일	품 목		규 격	수 량	단 가	공 급 가 액	세 액	비 고

합 계 금 액	현 금	수 표	어 음	외상 미수금	이 금액을 영수 함 청구

세금계산서(공급받는자 보관용)

책 번 호 [권   호]
일 련 번 호 [ ] - [   ]

공급자	등 록 번 호		-		-				공급받는자	등 록 번 호				
	상호(법인명)			성 명 (대표자)						상호(법인명)			성 명 (대표자)	
	사업장 주소									사업장 주소				
	업 태			종 목						업 태			종 목	

작성			공 급 가 액											세			액							비 고
연	월	일	공란수	조	천	백	십	억	천	백	십	만	천	백	십	일	천	백	십	억	천	백	십	만 천 백 십 일

월	일	품 목		규 격	수 량	단 가	공 급 가 액	세 액	비 고

합 계 금 액	현 금	수 표	어 음	외상 미수금	이 금액을 영수 함 청구

세금계산서 서식 안에는 기재해야 할 공간이 많은데 이를 모두 기재하여 작성할 필요는 없다. 기재사항은 필요적 기재사항과 임의적 기재사항으로 나뉘고 필요적 기재사항은 반드시 기재해야 하는 사항이고 임의적 기재사항은 기재하지 않아도 세금계산서의 효력에는 아무런 영향이 없는 사항이다. 필요적 기재사항은 공급자의 사업자등록번호와 성명 또는 명칭, 공급받는 자의 사업자등록번호, 공급가액, 부가가치세액, 작성연월일이며 나머지는 모두 임의적 기재사항이다. 필요적 기재사항 중 전부 또는 일부가 기재되지 않거나 사실과 다르게 기재된 때에는 공급자에게는 가산세가 적용되고, 공급받는 자는 매입세액이 공제되지 않을 수 있으니 발급 시 주의해야 한다.

세금계산서는 전자적 방법[141]으로 발급하는 전자세금계산서와 수기로 작성하여 발급하는 종이세금계산서가 있다. 현재는 많은 사업자가 전자세금계산서를 이용하지만 실제로 전자세금계산서가 본격적으로 활용된 지는 얼마 되지 않았다. 전자세금계산서 제도는 2008년에 도입되었으며, 2011년에 법인사업자에 한해 의무적으로 시행되었다. 현재는 법인사업자와 직전 연도 공급가액[142] 합계 2억 원(2023년 7월 이후 1억 원) 이상인 개인사업자가 전자세금계산서 의무발급 대상자에 해당한다. 예술활동을 하는 개인사업자인 예술인은 보통 자신의 예술적 용역공급을 통해 매출이 발생하므로 공급가액 합계액이 전자세금계

---

141 국세청 홈택스 홈페이지(www.hometax.go.kr)를 통해 발급할 수 있으며, 발급대행 시스템 등을 이용하여 발급할 수도 있다.

142 직전 연도 예술사업의 매출액과 거의 같은 개념이다.

산서 의무발급 대상자 기준에 미달하는 경우가 대부분이다. 그러나 현재는 전자세금계산서 의무발급 대상자가 아님에도 불구하고 전자세금계산서의 편의성과 거래 상대방의 요청에 따라 전자세금계산서를 많이 이용하고 있다.

사업자 간 세금계산서 발급과 수취는 부가가치세 제도에서 가장 중요한 요소라고 할 수 있다. 세금계산서 2장을 발급함으로써 상호대조(cross checking)를 통해 거래가 정확히 이루어졌는지를 확인할 수 있으며, 이를 통해 매출누락 및 탈세를 방지할 수 있다. 사업자 일방의 매출은 상대방 사업자의 매입이 되므로 사업자가 매출을 신고하지 않더라도 상대방 사업자의 매입신고로 인해 신고하지 않은 매출을 포착할 수 있다는 것이다. 또한 매출세액에서 매입세액을 공제하는 전단계세액공제법을 채택하는 현행 우리나라 부가가치세에서 매출세액은 전체 매출액의 10%로 계산되지만, 매입세액은 매입액의 10%가 아닌 매입 세금계산서를 통해 확인되는 금액으로 한다. 이는 매출거래가 있었다면 세금계산서가 없더라도 부가가치세를 납부해야 한다는 의미이고, 매입거래의 경우 매입거래가 실제로 있다고 하더라도 매입 세금계산서를 통해 세액이 확인되지 않는다면 매입 부가가치세를 공제하지 않는다는 의미이다.

재화, 용역을
공급하는 때

재화 또는 용역을
공급하는 예술인 상대방에게
세금계산서 발급!

필요적 기재사항

① 공급자의 사업자등록번호

② 공급자의 성명 또는 명칭

③ 공급받는자의 사업자등록번호

④ 공급가액과 부가가치세액

⑤ 작성연월일

세금계산서 종류

┌─ **전자세금계산서**

　 의무발급 대상자

　 ① 법인사업자

　 ② 직전 연도 공급대가 2억 원(2023년 7월 이후 1억 원)
　 　 이상인 개인사업자

└─ **종이세금계산서**

면세사업자는 누구일까?

부가가치세는 개인의 사정을 고려하지 않는 물세이다. 물건에 붙는 세금이므로 개인의 소득 또는 재산 상태는 전혀 고려하지 않고, 공급되는 재화 또는 용역 가액에 10%의 부가가치세율을 적용하여 부담한다. 그러나 이러한 단일세율인 부가가치세의 세부담은 경제적 사정을 고려한 실질에 있어 역진세로 변질되는 현상을 발생시킨다. 예를 들어 소득이 높은 사람이 보는 공연의 부가가치세는 자신의 경제력에 비하면 매우 미미한 수준이지만 소득이 낮은 사람이 보는 공연의 부가가치세는 소득이 높은 사람이 느끼는 수준보다는 더 부담스럽게 다가올 수 있다. 이에 부가가치세법은 일정한 재화, 용역의 공급에 대하여 면세를 적용함으로써 단일세율의 역진성 효과를 보완하고 있다.

부가가치세 대상의 면세는 일반적으로 부가가치세의 역진성을 보완하기 위한 목적으로 도입되었다. 면세의 대상은 나라에 따라 그 범위를 달리 정하고 있는데 우리나라에서는 생활필수품, 국민후생과 관련이 많은 용역 등에 대하여는 부가가치세 부담을 없애고 국민 생활을 보호하기 위하여 면세하고 있다. 면세사업자는 부가가치세법에 열거된 면세로 규정된 재화 또는 용역을 공급하는 사업자이고, 사업주가 선택하여 면세, 과세 여부를 결정하거나 면세의 적용을 포기할 수 없다.[143] 그렇다면 부가가치세법에 예술과 관련된 면세규정을 살펴보자.

> ...
>
> 6. 교육용역으로서 대통령령으로 정하는 것
>
> ...
>
> 15. 저술가·작곡가나 그 밖의 자가 직업상 제공하는 인적용역으로
>   서 대통령령으로 정하는 것
>
> 16. 예술창작품, 예술행사, 문화행사 또는 아마추어 운동경기로서
>   대통령령으로 정하는 것
>
> 17. 도서관, 과학관, 박물관, 미술관, 동물원, 식물원, 그 밖에 대통
>   령령으로 정하는 곳에 입장하게 하는 것
>
> 18. 종교, 자선, 학술, 구호, 그 밖의 공익을 목적으로 하는 단체가
>   공급하는 재화 또는 용역으로서 대통령령으로 정하는 것.

위 열거된 재화 또는 용역이 면세로 열거된 예술과 관련된 대표적인 내용이다. 우선 제6호의 면세되는 교육용역은 주무관청의 허가, 인가를 받거나 주무관청에 등록되거나 신고된 학교, 학원, 강습소, 훈련원, 교습소 또는 그 밖의 비영리단체에서 지식, 기술을 가르치는 것으로 한다. 예술인은 예술활동 이외에 겸업으로 다른 일을 같이하

---

143 영세율이 적용되는 등 일정한 경우에 제한적으로 면세 포기를 신고하고 사업자등록을 하여 과세사업자가 될 수 있다.

는 사례가 많은데 대표적으로 학원에서 피아노, 바이올린을 가르치거나 발레, 한국무용 등을 가르치는 교육용역이 예가 될 수 있다. 면세를 적용받기 위해 가장 중요한 것 중 하나는 주무관청의 인가, 허가 등이 있어야 한다는 것이다. 추가로 여기에는 박물관, 미술관에서 지식을 가르치는 것도 포함된다.

제15호의 면세되는 인적용역은 프리랜서의 용역제공이다. 이들은 부가가치세가 면세되기 위하여는 일정 요건을 갖추어야 하고, 부가가치세가 면세되는 대신 3.3%를 원천징수하고 대가를 지급받는다고 이 책의 4장에서 자세히 설명한 바 있다.

제16호의 면세되는 예술창작품은 미술, 음악, 사진, 연극 또는 무용에 속하는 창작품을 의미한다. 여기에서 중요한 점은 창작품이라는 것인데 예를 들어 국내에서 창작한 연극은 면세이지만, 해외에서 창작되어 국외 저작권의 양도 및 임차로 국내에서 진행되는 연극은 과세가 된다. 예술행사와 문화행사는 영리를 목적으로 하지 않는 발표회 연구회, 경연대회, 전시회, 박람회, 공공행사 또는 그 밖에 이와 유사한 행사를 의미한다.

제18호는 공익법인[144]이 기부금으로 운영하는 사업으로서 고유의 사업목적을 위하여 일시적으로 공급하거나 실비 또는 무상으로 공

144　재단법인, 사단법인, 사회적협동조합, 비영리 임의단체가 있다.

급하는 재화 또는 용역을 말한다. 사례를 통해 이해해보자. 문화 및 예술을 목적으로 하는 사단법인이 기부금을 받아 지역사회를 위한 음악회, 전시회 등 예술활동을 하고, 입장권을 무료로 하거나 실비 정도만 받은 경우 그 예술활동의 공급 즉, 용역의 공급에 대하여는 과세하지 않고 면세하겠다는 의미이다. 다만, 수익이 발생할 정도의 입장권 가격으로 예술활동을 진행한다면 이는 면세의 대상이 될 수 없다.

위와 같이 설명한 면세되는 재화 또는 용역을 공급하는 면세사업 자는 부가가치세법에 따른 납세의무자가 아니므로 부가가치세와 관련된 어떠한 의무도 부담하지 않는다. 따라서 사업자등록도 하지 않으며, 세금계산서를 발급하지도 않는다. 다만, 세금계산서를 발급받은 경우 매입처별 세금계산서 합계표를 제출하도록 하고 있다. 매입처별 세금계산서 합계표 제출의무를 제외한 부가가치세 관련 의무가 없는 면세사업자는 대신 법인세법, 소득세법에서 사업자등 록의무, 계산서[145]발급의무, 합계표 제출의무를 부여하고 있으며, 특히 소득세법에서는 이에 추가로 매년 2월 10일까지 사업장 현황신고 의무도 함께 부여하고 있다.

정리하면 면세 규정은 최종소비자의 세부담을 줄이는 것이 목적이

---

145 부가가치세 과세대상이 아닌 재화 또는 용역을 공급하는 때 발급한다. 세금계산서와 서식은 대부분 같다.

다. 예술과 관련해서는 이를 향유하려는 사람들의 경제적 지출을 줄여 더 많은 문화예술을 접할 기회를 제공하고, 이를 통해 공공재의 성격이 짙은 예술을 누구나 소비하는 것을 장려하려는 것이다. 그러나 실무에서 보면 면세 재화 또는 용역인 예술을 공급하는 예술인들은 이러한 면세규정에 대하여 자세히 알지 못하는 경우가 대부분이다. 조금 과장해서 대부분이 아니라 전부이다.

면세에 대한 규정을 복잡하게 만들어놓고[146] 과세관청은 이를 제대로 관리, 교육하지도 않으며, 게다가 면세가 된다고 하여도 이 면세는 부분적인 면세에 해당하고 완전면세에 해당하지도 않으므로 최종소비자는 부가가치세의 일부를 실질적으로 부담하게 된다.[147] 이에 몇몇 예술사업을 하는 예술인은 면세사업에 해당함에도 불구하고 사업자등록을 하여 과세사업자의 적용을 받기도 한다. 실제로 부가가치세의 부담은 사업자가 아닌 예술 소비자가 지기 때문이다. 저자는 이런 부분들이 분명 제도적으로 개선되어야 하며, 예술인에게도 면세에 대한 이해 및 교육이 필요하다고 판단한다.

---

146   예술활동은 과세와 면세를 판단하는 것도 자체도 복잡하지만, 과세와 면세가 모두 적용되는 겸영사업자가 되면 관련 업무는 더 복잡해진다.

147   부가가치세법의 면세규정에 따른 면세는 부분면세에 해당하고, 영세율 규정에 따른 면세는 완전면세에 해당한다.

14

/

일반과세가
유리할까?
간이과세가
유리할까?

일반과세자와 간이과세자의 구분
간이과세자의 부가가치세 계산
부가가치세 신고와 납부
어떤 유형이 유리할까?

일반과세자와 간이과세자의 구분

부가가치세법에 따른 의무가 있는 자를 사업자라고 한다. 사업자는 일반과세자와 간이과세자로 구분되는데, 간이과세자란 직전 연도 공급대가의 합계액이 8,000만 원에 미달하는 일정한 사업자를 말하고, 일반과세자란 간이과세자가 아닌 사업자를 말한다. 즉, 간이과세자가 아닌 사업자는 모두 일반과세자이므로 간이과세자가 누구인지 알면 우리는 일반과세자와 간이과세자에 대하여 정확히 파악할 수 있을 것이다. 간이과세자는 아래 네 가지 요건을 모두 만족하여야 한다.[148]

1. 개인사업자이어야 한다.
2. 간이과세 적용배제 업종을 영위하지 않아야 한다.
3. 간이과세 적용배제 지역에서 사업을 영위하지 않아야 한다.
4. 직전 연도 공급대가의 합계액이 8,000만 원에 미달하여야 한다.

간이과세자는 반드시 개인사업자이어야 한다는 첫 번째 요건은 법인사업자는 무조건 간이과세를 적용받을 수 없다는 것을 의미한다.

---

[148] 일반과세자와 간이과세자의 구분은 부가가치세법에 따른 사업자에 한하여 적용된다. 면세사업자는 부가가치세법에 따른 사업자가 아니므로 일반과세자와 간이과세자로 구분할 수 없다.

두 번째 요건은 간이과세 적용배제 업종을 영위하지 않아야 한다는 것인데 예술과 관련된 업종은 간이과세 적용배제 업종에 해당하지 않으므로 크게 고려하지 않아도 된다. 다만, 예술활동 이외에 다른 사업을 함께 하고 있는 경우, 간이과세가 적용되지 않은 다른 사업장을 보유하고 있다면 예술과 관련된 사업도 간이과세를 적용받을 수 없다. 세 번째 요건은 간이과세를 적용할 수 없는 지역에서 사업자등록을 하지 않는 것인데, 간이과세를 적용할 수 없는 업종과 지역은 국세청에서 간이과세 배제기준을 고시하므로 확인할 수 있다. 네 번째 요건에서 공급대가는 직전 연도 공급가액과 부가가치세액을 더한 금액을 말한다.

지금까지 간이과세자의 요건에 대하여 알아보았다. 그렇다면 간이과세제도는 왜 있는 것일까? 취지를 알아보자. 저자는 13장에서 부가가치세에 대해 설명한 바 있다. 이와 관련된 내용이 간단하지 않은데, 그렇다면 사업을 처음 시작하거나 사업규모가 영세한 사업자들도 세법을 이해하여 부가가치세를 스스로 신고하고 납부할 수 있을까? 아마도 큰 혼란이 있을 것이다. 간이과세제도는 사업규모가 영세하고 기장 능력이 없는 사업자들에게 납세의무 이행에 편의를 도모하고 정부 행정의 능률화를 위하여 간편한 방법으로 납세의무를 이행할 수 있도록 하는 데 그 목적이 있다. 즉, 간이과세제도는 영세한 사업자들에게 부가가치세 신고를 간편하게 할 수 있도록 만든 제도이다.

간이과세자의 부가가치세 계산

이제 왜 간이과세자제도가 간편한지 간이과세자의 부가가치세의 계산방법에 대하여 설명하겠다. 저자가 13장에서 설명했던 부가가치세의 흐름은 간이과세자가 아닌 오직 일반과세자에게 적용되는 내용이며 간이과세자에게 적용되지 않는다. 원칙적인 부가가치세는 거래세이므로 거래 단계마다 세금계산서의 수수를 통하여 매출세액과 매입세액이 결정되고, 매출세액에서 매입세액을 뺀 금액을 납부세액으로 하게 되어 있다. 그러나 간이과세자의 부가가치세는 이러한 거래세의 성격을 완전히 없애고 단순히 공급대가에서 업종별 부가가치율을 곱하고 10%의 부가가치세율을 곱하여 계산한다. 이는 마치 소득세법에서 사업소득금액을 계산할 때 경비율을 이용하여 추계하여 계산하는 것과 비슷한 개념이다.[149] 업종별 부가가치율은 다음과 같다.

1. 제조업: 20%
2. 정보통신업: 30%
3. 사업시설관리 · 사업지원 및 임대서비스업: 40%
4. 그 밖의 서비스업: 30%

---

[149] 이 책 제6장 「추계에 따른 사업소득금액의 계산」 참고

예술산업과 관련된 서비스업은 30%의 부가가치율을 적용받는다. 공급대가에서 30%의 부가가치율을 곱하고, 10%의 부가가치세율을 곱하게 되므로 실질적으로 공급대가의 3%가 납부세액으로 결정되는 것이다. 납부세액이 결정되면 세액공제를 추가로 적용하는데 실제로 예술산업 관련 서비스업에서 세액공제 받을 수 있는 항목은 세금계산서 등 수취 세액공제와 신용카드발급액 세액공제 그리고 전자신고 세액공제이다.

원칙적으로 수취된 매입 세금계산서는 그 세금계산서에 따라 확인되는 매입세액 전체를 공제하여 납부세액을 계산하지만, 간이과세자는 일반적인 부가가치세의 흐름과는 완전히 다른 방법으로 부가가치세를 계산하므로 세금계산서로 확인되는 매입세액 전액을 공제하지 않는다. 그러나 간이과세자가 세금계산서를 수취하면 일정 금액을 세액공제 받을 수 있는데 이를 세금계산서 등 수취 세액공제라고 한다. 또한 간이과세자가 신용카드매출전표를 발급해 주거나 현금을 받고 현금영수증을 발급해 주면 그 결제금액의 1.3%를 세액공제 받을 수 있는데 이를 신용카드발급액 세액공제라고 한다. 마지막으로 간이과세자가 전자적 방법으로 부가가치세 신고를 하는 경우[150] 1만 원 전자신고 세액공제를 받을 수 있다. 예술산업 관련 간이과세자는 실질적으로 이렇게 세 가지 정도의 세액공제를 적용받을 수 있다.

---

150   전자적 방법으로 부가가치세를 신고하는 경우란 인터넷 홈택스 홈페이지 또는 홈택스 앱을 통해 부가가치세를 신고하는 것을 의미한다.

마지막으로 해당 사업연도 공급대가가 4,800만 원 미만인 간이과세자는 부가가치세 계산 방법에도 불구하고 납부의무가 없으므로 부가가치세를 내지 않는다는 것도 알고 있자.

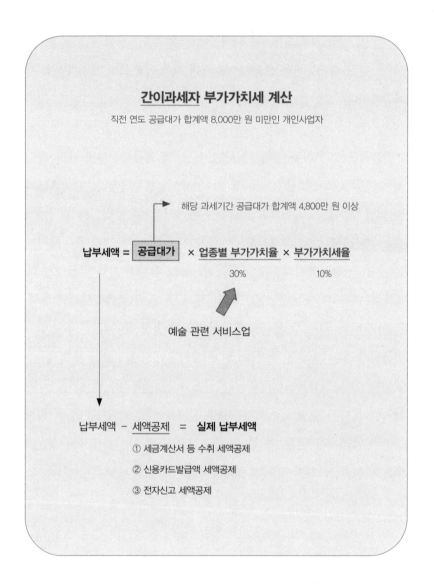

간이과세자 부가가치세 계산

직전 연도 공급대가 합계액 8,000만 원 미만인 개인사업자

해당 과세기간 공급대가 합계액 4,800만 원 이상

납부세액 = 공급대가 × 업종별 부가가치율 × 부가가치세율

30%   10%

예술 관련 서비스업

납부세액 − 세액공제 = 실제 납부세액

① 세금계산서 등 수취 세액공제

② 신용카드발급액 세액공제

③ 전자신고 세액공제

부가가치세 신고와 납부

우리나라 부가가치세를 포함한 대부분 세금은 납세자 스스로 신고하고 납부하는 신고납세제도를 채택하고 있고, 따라서 세금마다 납세자가 신고해야 할 신고납부기한을 정하고 있다. 부가가치세의 신고납부기한은 일반과세자와 간이과세자가 다르고 일반과세자 중 법인사업자와 개인사업자가 다르다. 사실 완전히 다르다는 표현보다는 차이가 있다 정도가 알맞은 표현인 것 같다. 이제 일반과세자인 법인사업자의 부가가치세 신고납부, 일반과세자인 개인사업자의 부가가치세 신고납부, 간이과세자의 부가가치세 신고납부가 어떻게 차이가 있는지 살펴보자.

일반과세자의 부가가치세는 과세기간을 1월 1일부터 6월 30일까지를 1기로, 7월 1일부터 12월 31일까지를 2기로 구분한다. 각각 구분된 과세기간은 과세기간이 끝난 날이 속하는 달의 다음 달 25일까지 해당 과세기간의 부가가치세를 신고하고 납부하여야 하므로 정리하면 1기 부가가치세의 신고납부기한은 7월 25일이 되고, 2기 부가가치세의 신고납부기한은 다음 연도 1월 25일이 된다. 이렇게 두 번의 부가가치세 신고를 부가가치세 확정신고라고 한다.

일반과세자인 법인사업자는 두 번의 확정신고 이외에 두 번의 예정 신고를 별도로 하여야 한다. 예정신고도 확정신고와 마찬가지로 1기 와 2기로 구분되는데, 1기 예정신고는 1월 1일부터 3월 31일까지의 부가가치세를 4월 25일까지 신고납부하여야 하고, 2기 예정신고는 7월 1일부터 9월 30일까지의 부가가치세를 10월 25일까지 신고납부하여야 한다. 즉, 법인사업자는 1년에 총 4번의 부가가치세를 스스로 신고하고 납부하여야 하며 이를 정리하면 아래와 같다.

법인사업자의 부가가치세 신고와 납부

	기간[15]	신고납부기한
1기 예정신고	1월 1일부터 3월 31일까지	4월 25일
1기 확정신고	4월 1일부터 6월 30일까지	7월 25일
2기 예정신고	7월 1일부터 9월 30일까지	10월 25일
2기 확정신고	10월 1일부터 12월 31일까지	다음 연도 1월 25일

원칙적인 법인사업자의 부가가치세 신고는 분기별로 해야 하지만, 2021년 1월 1일 시행된 소규모 법인사업자 부가가치세 예정고지 규정에 따르면 직전 과세기간(6개월) 공급가액이 1억 5천만 원 미만인 경우에는 법인사업자라고 하더라도 일반과세자인 개인사업자의 부가가치세 신고와 납부처럼 확정신고와 예정고지를 통해 부가가치세를 신고하고 납부한다.

---

151 표의 기간은 부가가치세법에 따른 과세기간을 의미하는 것은 아니다.

그렇다면 개인사업자에 대하여 알아보자. 일반과세자인 개인사업자는 두 번의 확정신고를 하여야 하고, 두 번의 예정고지서를 받아 고지서에 적힌 부가가치세액을 납부하여야 한다. 예정고지는 직전의 확정신고 때 납부하였던 부가가치세액의 절반이 납부세액으로 결정된다. 예를 들어 1월 25일에 100만 원을 납부했던 일반과세자인 개인사업자는 50만 원이 적힌 예정고지서를 받아 4월 25일까지 납부하면 되는 것이다. 만약 징수하여야 할 금액이 30만 원 미만인 경우에는 예정고지를 하지 않으므로 확정신고만 하면 된다.[152] 예정고지는 부가가치세가 확정되기 전에 미리 납부해 놓는 예납금과 같은 성격이므로 확정신고를 할 때 정산되는 금액이다. 일반과세자인 개인사업자의 부가가치세 신고와 납부를 정리하면 다음과 같다.

일반과세자인 개인사업자의 부가가치세 신고와 납부

	기간	신고납부기한[153]
1기 예정고지	–	4월 25일
1기 확정신고	1월 1일부터 6월 30일까지	7월 25일
2기 예정고지	–	10월 25일
2기 확정신고	7월 1일부터 12월 31일까지	다음 연도 1월 25일

다음은 간이과세자이다. 간이과세자인 개인사업자의 과세기간은

---

152 예정고지를 안 한다고 하여 세금을 적게 내는 것은 아니다. 최종적으로 확정신고를 하면 예정고지를 납부한 사람과 납부하지 않는 사람의 세부담은 같아진다.

153 예정고지의 경우 납세자 스스로 신고하지 않으므로 고지서상 납부기한을 의미한다.

1월 1일부터 12월 31일까지이다. 간이과세자는 1기와 2기로 구분하지 않으며 1년의 과세기간에 대하여 다음연도 1월 25일에 한 번의 부가가치세 신고를 하게 된다. 간이과세자는 직전 과세기간의 확정신고 때 납부했던 부가가치세액의 절반을 7월 25일까지 고지서를 받아 납부하게 된다. 이를 예정부과라고 한다. 일반과세자의 예정고지와 간이과세자의 예정부과는 용어만 다를 뿐 같다고 봐도 무방하다. 예정부과 또한 예정고지와 마찬가지로 징수할 금액이 30만 원 미만이면 징수하지 않는다.

일반과세자인 개인사업자의 부가가치세 신고와 납부

	기간	신고납부기한[154]
예정부과	-	7월 25일
확정신고	1월 1일부터 12월 30일까지	다음 연도 1월 25일

2020년 부가가치세법 중 간이과세와 관련된 내용이 개정됨에 따라 공급가액 4,800만 원 초과 8,000만 원 미만 간이과세자는 세금계산서를 발급할 수 있다. 간이과세자 중 예정부과기간인 1월 1일부터 6월 30일 사이에 세금계산서를 발급하였다면, 위 표의 원칙적인 신고납부기한에도 불구하고 1월 1일부터 6월 30일까지를 과세기간으로 하여 7월 25일까지 부가가치세를 신고하고 납부하여야 한다.

---

154 예정부과의 경우 납세자 스스로 신고하지 않으므로 고지서상 납부기한을 의미한다.

어떤 유형이 유리할까?

지금까지 간이과세자가 될 수 있는 요건과 간이과세자의 부가가치세 계산방법 그리고 유형별 부가가치세 신고와 납부에 대하여 설명하였다. 사업자는 직전 연도 공급대가가 8,000만 원에 미달한다면 간이과세를 적용받을 수 있고, 간이과세자가 아니라면 모두 일반과세자에 해당한다.[155] 즉, 일반과세자와 간이과세자는 사업자가 선택할 수 없고 직전 연도 공급대가 기준으로 결정된다는 것이다. 그러나 사업자가 일반과세를 적용할지 아니면 간이과세를 적용할지를 딱 한 번 스스로 선택할 수 있는데 그때는 바로 처음 사업자등록을 할 때이다.

사업을 개시하여 사업자등록을 할 때 개인사업자는 직전 연도 공급대가가 없으므로 사업자는 스스로 일반과세와 간이과세를 선택할 수 있다. 일반적으로 간이과세의 방법으로 부가가치세를 신고하고 납부하는 것이 더욱 간편하며 실제로 부가가치세 납부액도 적다. 2020년 간이사업자 부가가치세 신고현황 통계에 따르면 2020년 부가가치세를 신고한 간이사업자는 약 168만 개가 있으며 전체 공급대가 합계액은 약 32조 원이며 이들이 납부한 부가가치세액은 2,900억 원 정도이다. 이를 비율로 나타내면 간이사업자 1개당 2020년 부가가치세 평

---

155 일반과세자인 다른 사업장을 보유하는 경우에는 제외한다.

균 납부액은 약 17만 6천 원이고, 공급대가와 대비하여 납부세액비율은 약 1%에 불과하다.

간이과세자의 부가가치세 부담이 낮음에도 처음 사업자등록을 신청할 때 일반과세자를 선택하는 것이 유리한 때도 있다. 사업 초기에 사업에 대한 투자를 많이 하는 때가 바로 그때이다. 일반과세자로 사업자등록을 하면 최초 부가가치세를 신고할 때 대부분 부가가치세를 환급받는다. 사업 초기 투자분에 부담한 매입 부가가치세를 환급받은 뒤 사업용 자산을 장부에 계상해 향후 경비 처리하는 등 사업 초기의 투자에 대한 세무관리를 시작하면 추후 사업의 성장 및 정착단계에서 절세혜택을 보니 결론적으로 간이과세보다 일반과세가 더 좋은 선택이라 할 수 있다.[156]

일반과세자의 부가가치세 흐름에 따르면 사업 초기에는 매출이 상대적으로 적으므로 사업 초기에 인테리어, 사업용 자산구매, 임차료 등의 지출이 발생한다면 매출세액보다 세금계산서로 확인되는 매입세액이 더 커져 부가가치세를 환급받을 수 있다. 그러나 간이과세자의 부가가치세 계산방법을 보면 알 수 있듯이 간이과세자에게는 부가가치세 환급이 발생할 수 없다. 공급대가에서 일정 비율을 곱한 금액을

---

156 "일반과세와 간이과세, 어느 것이 유리할까?", 〈이택스코리아 전문가 칼럼〉, 2019.06., 〈http://www.etaxkorea.net/sub/sub_page.php?sp=s010501&md=show&seq=7257&CURRENT_PAGE=1&search_kind=subject&search_text=%B0%A3%C0%CC%B0%FA%BC%BC&kind=0&name=&ctype=0&list=〉(접속일: 2020.06.02.)

납부세액으로 하기 때문이다.[157]

카페를 창업한다고 가정해보자. 카페 사업을 하기 위해서는 상가를 임차하여야 하고, 매달 임대료를 내야 한다. 그리고 카페 인테리어 비용도 지출하여야 하고, 커피머신 등 여러 사업용 자산도 구매하여야 한다. 사업자등록을 처음 하고 부가가치세 신고를 할 때 사업 초기에는 매출이 적을 뿐 아니라 매출이 발생하지 않을 수도 있는데 이때 매입 세금계산서를 발급받으면 그 세금계산서에 적힌 매입세액 전부 또는 대부분을 환급받을 수 있다. 따라서 이때는 사업자등록을 할 때 간이과세자를 적용하지 않고 일반과세자를 선택하는 것이 유리하다.

그러나 예술활동을 하는 예술인은 사업용 자산이나 고용된 인력 등을 이용하여 매출이 발생하지 않고, 대체할 수 없는 자신의 창작역량 또는 인적용역의 제공으로 매출이 발생하는 경우가 많다. 따라서 초기 투자비용이 많이 지출되지도 않고, 사업을 계속하면서 매입이 일정하게 발생하지도 않는다. 이에 저자는 예술활동을 하는 예술인이 사업자등록을 하는 경우에는 간이과세자를 선택하는 것이 보통은 유리하다고 판단한다. 물론 예술인 사업자가 간이과세자를 선택하는 것이 반드시 유리한 것만은 아닐 것이다. 예술활동의 종류와 상

---

157 납부세액에서 세액공제를 차감하지만, 납부세액이 없는 경우 더 이상 세액공제를 차감하지 않는다.

황 그리고 초기 투자액의 규모에 따라 일반과세자가 유리할 수도 있으며, 세금계산서를 타 사업자에게 발급해줘야 하는 경우에는 간이과세자는 세금계산서를 발급할 수 없으므로 사업자등록을 할 때 일반과세자를 반드시 선택해야 할 수도 있다.

15

전문예술법인과
전문예술단체

문화예술에서 비영리법인과 공익법인

공공재의 성격을 갖는 예술은 가능한 많은 사람이 진입장벽 없이 향유하는 것이 최선이다. 이를 위해서는 국가의 지원이 필요하지만, 예술은 국가로부터 독립적이어야 하므로 국가의 지원은 간접적이고 공정할 필요가 있다. 국가가 정부의 목적을 위해 예술을 구분하여 지원한다면 과거 대한민국이 경험했던 문화예술계 블랙리스트와 같은 역사가 다시 반복될 수도 있다. 국가는 문화예술을 적극적으로 지원하되 예술가들의 창작의 자유, 표현의 자유를 간섭하면 안 된다는 것이다. 이러한 관점에서 볼 때 민간 스스로 공익목적의 법인을 설립하여 문화예술과 관련된 공익사업을 수행하는 것은 예술가들로 하여금 국가의 간섭을 피할 수 있게 해주며, 국가가 해야 하는 공공사업을 민간이 대신해주는 역할 또한 하게 된다. 이때 국가는 단지 해당 공익목적의 법인을 지원해주면 된다.

비영리법인과 공익법인은 문화예술분야에서 어렵지 않게 볼 수 있다. 비영리법인은 민법에서 학술, 종교, 자선, 기예, 사교 기타 영리가 아닌 사업을 목적으로 하는 주무관청의 허가를 받은 법인이라고 규정하고, 공익법인은 공익법인의 설립·운영에 관한 법률(이하 '공익법인법')에서 사회 일반의 이익에 이바지하기 위하여 학자금·장학금 또는 연구비의 보조나 지급, 학술, 자선에 관한 사업을 목적으로 하는 법인이라고 규정한다. 그러나 공익법인법의 목적을 보면 민법의 규정을 보완하여 법인으로 하여금 그 공익성을 유지하며 건전한 활동을 할 수 있도록 한다는 점에서 공익법인은 비영리법인에 포함된다는 것을 알 수 있다.

비영리법인의 비영리란 법인의 이익을 구성원에게 분배하지 않는 것을 의미한다. 법인의 명의로 수익사업을 하는 것은 가능하지만 법인 내부의 이익을 구성원에게 배당이나 잔여재산을 분배하는 방법으로 나누면 안 된다는 것이다. 그렇다면 법인 내부의 이익은 어떻게 해야 할까? 해당 비영리법인의 목적사업에 맞게 사용하면 된다. 공익법인의 공익이란 사회 전체의 이익이라는 의미로 특정하지 않은 사회 구성원을 위해 문화예술과 같은 공공재 또는 공공서비스를 공급하는 것을 의미한다. 공익법인은 공익성과 비영리성을 모두 충족한 법인으로 정의할 수 있다. 공익성이 있는 비영리법인 즉, 공익법인은 기부금이나 수익사업 등의 수입으로 사회 일반의 이익을 위해 활동하는 반면, 공익성이 없는 비영리법인은 구성원들의 이익을 위해[158] 활동한다.[159]

지금까지 공익법인과 비영리법인의 개념에 대해서 확인하였다면 이

---

158 구성원에게 이익을 분배하는 것을 의미하지 않는다. 학술, 종교, 자선, 기예, 사교 등 비영리법인의 고유목적을 위해 활동하는 것을 의미한다.

159 이영환, 「공익법인 과세체계 정립에 관한 연구」, 서울시립대학교 박사논문, 2014, p.12

를 문화예술에 적용해보자. 기본적으로 예술활동을 하는 비영리법인은 대부분 공익법인이 될 수 있다. 문화예술은 문화예술진흥법에 따라 문학, 미술, 음악, 무용, 연극, 영화, 연예, 국악, 사진 건축, 어문, 출판 및 만화를 의미하고, 이렇게 열거된 예술활동을 하면서 발생한 이익 또는 기부금을 자신 또는 구성원에게 분배하지 않는 비영리법인은 그 목적 자체가 공공재나 공공서비스의 성격인 예술을 생산하거나 분배하는 것을 의미하기 때문이다. 물론 해당 예술활동이 특정인이 아닌 불특정다수인 사회 일반의 구성원을 위한 활동이 되어야 한다.

재단법인, 사단법인, 사회적협동조합 그리고 임의단체

　문화예술단체란 문화예술활동이라는 공통된 목적을 가진 사람들이 운영하는 단체를 의미한다. 문화예술단체는 별도의 허가나 등록이 필요하지 않지만, 운영 과정에서 발생하는 문제들을 해소하기 위해 다양한 형태를 갖추기도 한다.[160] 그 다양한 형태란 대표적으로 영리를 목적으로 하는 경우 주식회사, 협동조합[161] 그리고 개인사업자가 있고, 비영리를 목적으로 한다면 재단법인과 사단법인 그리고 법인격이 없는 임의단체가 있다. 그리고 이러한 형태를 갖추는 경우에는 법률 규정에 따른 별도의 허가나 등록이 필요하다.

　자본금을 모아 법인을 설립하고[162] 사업자등록을 한 뒤 사업에만 집중하면 되는 영리 목적의 법인사업자나, 아니면 사업자등록만 하고 사업을 하는 영리 목적의 개인사업자는 실무적으로 납세의무와 근로자를 두는 경우 근로기준법에 규정된 의무 정도만 성실히 이행하면 특별히 법에 따라 이행하여야 하는 의무가 그리 많지 않다. 그러나 비영리법인은 허가 절차부터 시작해서 법에 따라 이행하여야 하

160　박재현, 「비영리 문화예술단체 운영활성화 방안 연구」, 한세대학교 박사논문, 2017, p.12
161　주식회사와 협동조합은 사업자등록을 하면 법인사업자가 된다.
162　과거에는 5천만 원의 주식회사 최저자본금 규정이 있었으나 현재는 실질적으로 최저자본금 규정이 없어졌다고 볼 수 있다.

는 의무가 영리법인보다 많다. 문화체육관광부에서 게시하는 비영리법인의 업무 매뉴얼을 보면 이 매뉴얼대로 과연 예술인이 업무를 할 수 있을지 의심스러울 뿐이다. 저자의 판단에 문화예술계의 큰 문제점 중의 하나는 공익목적의 예술활동을 하기 위한 행정적인 절차가 너무 많다는 것이다. 이 책은 예술인들이 최소한 이 책에 있는 정도의 예술과 관련된 넓고 얕은 지식을 알려주는 데 목적이 있다. 따라서 이 책에서는 공익법인을 포함하는 비영리법인의 각종 의무에 대한 모든 내용은 담지 않는다. 단지 비영리법인의 법적 형식인 사단법인과 재단법인 그리고 사회적협동조합이 무엇인지 정도를 간단히 설명하며, 법인격을 갖추지 않고 비영리 예술활동을 하는 임의단체를 함께 설명한다.

다시 돌아와서 사단성은 고유목적사업 수행에 뜻을 같이하는 구성원들인 회원의 결합체가, 재단성은 고유목적사업 수행에 사용될 특정재산의 결합체가 있어야 한다.[163] 이러한 사단성과 재단성을 갖는 법인인 사단법인과 재단법인은 민법에 규정되어 있는데, 사단법인이란 일정한 목적을 위하여 결합된 사람의 단체로서 사단을 실체로 하는 법인을 의미하고, 재단법인은 일정한 목적에 바쳐진 재산으로 재단이 실체를 이루고 있는 법인을 의미한다. 즉, 쉽게 말해 사람이 모여 설립된 법인이 사단법인, 재산이 모여 설립된 법인이 재단법인이라는 것이다. 여기에서 한 가지만 더 짚고 넘어가면 사단법인은 영리를

163 이영환, 「공익법인 과세체계 정립에 관한 연구」, 서울시립대학교 박사논문, 2013, p.15

목적으로 할 수도 있고, 비영리를 목적으로 할 수도 있다. 민법에서 규정하는 사단법인은 오직 비영리 사단법인이며, 영리를 목적으로 하는 사단법인은 주식회사, 유한회사 등으로 상법에서 규정한다. 앞으로 이 책에서 사단법인은 앞에 비영리를 쓰지 않더라도 민법에서 규정하는 비영리 사단법인만을 의미한다. 그리고 재단법인은 영리를 목적으로 할 수 없으므로 모든 재단법인은 비영리 재단법인이다.

사회적협동조합은 협동조합기본법에 따라 설립할 수 있는 비영리법인이다. 협동조합이란 재화 또는 용역의 구매, 생산, 판매, 제공 등을 협동으로 영위함으로써 조합원의 권익을 향상하고, 지역사회에 공헌하고자 하는 사업조직을 말하며, 사회적협동조합이란 협동조합 중 지역주민들의 권익, 복리 증진과 관련된 사업을 수행하거나 취약계층에게 사회서비스 또는 일자리를 제공하는 등 영리를 목적으로 하지 않는 협동조합을 말한다. 사회적협동조합은 5인 이상의 조합원으로 구성되므로 상대적으로 사단법인보다 설립절차가 간단해 지역사회를 기반으로 비영리 문화예술활동을 하는 예술인에게 적절할 수 있다.

사단법인, 재단법인 또는 사회적협동조합을 설립할 때 가장 중요한 절차는 주무관청의 허가를 받는 것이다. 이때 문화예술 관련 비영리법인의 주무관청은 문화체육관광부 및 문화재청과 주소지에 있는 시청, 도청이 된다. 각각의 주무관청에 법인설립허가신청서를 포함하는 서류를 함께 제출하여야 한다는 것이다. 이후 설립허가가 있는 때에는 3주 이내에 주사무소 소재지의 등기소에서 법인 설립등기를 하여야 하고, 해당 비영리법인은 설립등기를 함으로써 성립한다.

사단법인, 재단법인 그리고 사회적협동조합은 등기소에 등기함으로써 성립하고 법인격이 생긴다. 법인격이란 권리와 의무의 주체가 될 수 있다는 의미로 법인 명의로 재산을 소유하거나 각종 계약을 할 수 있는 등의 능력이 발생한다는 것이다. 그러나 사단법인, 재단법인, 사회적협동조합이 아니더라도 법인격 없이 비영리를 목적으로 단체를 운영할 수 있는데 이를 임의단체라고 한다. 임의단체는 말 그대로 설립자 및 재산 등이 임의로 구성되었다는 것을 의미한다. 임의단체는 단체의 설립 및 구성, 해체 등이 자유롭고 변형도 쉽기 때문에[164] 동호회로 활동하는 단체가 많은 문화예술 분야의 경우 상당 기간 임의단체로 유지하다가 법인격을 취득하는 경우가 많으며, 아예 임의단체로 계속 유지하면서 법인격을 취득하지 않는 경우도 있다. 지금까지의 내용을 정리하면 다음과 같다.

구분	법인격	공익법인 여부	주무관청 허가
사단법인	있음	가능	필요
재단법인	있음	가능	필요
사회적협동조합	있음	가능	필요
임의단체	없음	불가능	불필요

---

164 주무관청의 허가가 필요 없고, 등기소에 등기도 하지 않는다.

고유번호증을 받아보자

　문화예술과 관련된 비영리법인은 사단법인, 재단법인, 사회적협동조합이 있고, 사단법인, 재단법인, 사회적협동조합이 공익목적의 활동을 하면 공익법인에 해당할 수 있다. 그리고 사단법인, 재단법인, 사회적협동조합이 아니더라도 임의단체로서 비영리로 예술활동을 할 수 있다. 사단법인, 재단법인, 사회적협동조합은 법인격이 있으므로 세법을 적용할 때는 법인세법이 적용된다는 것을 알 수 있다. 갑자기 세법을 언급해서 당황스럽겠지만 그렇다면 임의단체는 세법을 적용할 때 무슨 법을 적용해야 하는 것일까?

　그 내용은 국세기본법을 살펴보면 알 수 있다. 국세기본법은 법인으로 보는 단체에 관하여 규정하고 있고, 다음의 모든 요건을 갖춘 것으로서 대표자나 관리인이 세무서장에게 신청하여 승인받은 것도 법인으로 보아 세법을 적용하게 된다.

1. 단체 조직과 운영에 관한 규정을 가지고 대표자나 관리인을 선임하고 있을 것
2. 단체 자신의 계산과 명의로 수익과 재산을 독립적으로 소유·관리할 것
3. 단체 수익을 구성원에게 분배하지 않을 것

즉, 임의단체는 법인격이 없는 단체이지만 세법을 적용함에 있어서는 국세기본법에 따라 법인으로 보는 단체에 해당하므로 법인세법을 적용한다는 것이다. 결과적으로 사단법인, 재단법인, 사회적협동조합 그리고 승인을 받은 임의단체는 모두 법인세법을 적용받게 된다.

수익을 구성원에게 분배하지 않는 비영리법인, 단체가 왜 법인세법을 적용하여 법인세를 납부하는지에 대한 의문이 있을 수 있다. 그러나 법인세법에서 비영리법인과 단체는 각 사업연도의 소득금액에 대하여는 납세의무를 지지 않으며 토지 등을 양도했을 때 발생하는 토지 등 양도소득에 대하여만 납세의무를 진다고 규정한다. 물론 비영리법인과 단체도 수익사업을 할 수 있다고 설명하였는데, 일정한 수익사업에서 발생한 소득에 대하여는 법인세 납세의무를 진다.[165] 정리하면 비영리법인과 단체는 토지 등 양도소득과 일정한 수익사업에 대한 소득에만 법인세가 과세된다.

세법에 따른 의무는 세금을 납부하는 것뿐만 아니라 각종 신고를 하는 것도 포함한다. 실무적으로 법인과 개인의 각종 신고, 납부의무는 부가가치세법에 따른 사업자등록을 하면 발급되는 사업자등록번호로 관리된다. 영리활동을 하는 법인과 개인은 소득에 대한 법인세 및 소득세 그리고 재화 또는 용역을 공급할 때 발생하는 부가가치세

165 　비영리법인, 단체의 수익사업에서 발생하는 소득은 구성원에게 분배할 수 없고, 목적사업에만 사용할 수 있음에도 불구하고 법인세를 과세하는 이유는 영리법인의 수익사업과 형평성을 맞추는 데 있다.

를 신고하고 납부할 때 사업자등록번호를 기재하며, 원천세 신고나 각종 명세서를 제출할 때도 사업자등록번호를 기재하여 제출한다.

그렇다면 부가가치세법에서 사업자는 재화 또는 용역을 공급하는 자가 되고 사업자등록을 하여 사업자등록증을 발급받아야 한다고 하였는데, 비영리법인과 단체는 수익사업을 하지 않는 이상 재화 또는 용역을 공급하지는 않으므로 사업자가 아니게 되고 사업자등록증을 발급받지 않는다. 따라서 비영리 문화예술활동을 하는 사단법인, 재단법인, 사회적협동조합, 임의단체는 사업자등록번호 대신 고유번호를 발급받아 세법에 따른 각종 의무를 이행하게 되는데 이에 부가가치세법은 사단법인, 재단법인, 사회적협동조합에게 그리고 국세기본법은 임의단체에게 고유번호증 발급에 대한 의무를 부여하고 있다.

사단법인, 재단법인, 사회적협동조합은 사업자등록번호에 준하는 고유번호를 발급받을 때 신청서와 관련 서류만 첨부하여 제출하면 된다. 이때 관련 서류는 법인의 등기부등본, 주무관청의 법인설립 허가서, 임대차계약서, 법인의 정관 등이 포함된다. 사단법인, 재단법인, 사회적협동조합은 서류를 제출하면 세무서장의 별도의 승인 없이 고유번호증이 발급된다. 그러나 임의단체는 고유번호를 발급받을 때 신청서와 관련 서류를 첨부하여 제출하여야 하고, 반드시 세무서장의 승인이 있어야 고유번호증이 발급된다. 비영리법인은 이미 주무관청의 허가가 있었기 때문에 별도로 세무서장의 승인이 필요 없는 것이다. 임의단체가 고유번호증을 발급받을 때 제출해야 하는 서류는 신청서와 대표자 선임신고서, 대표자임을 확인할 수 있는 서류, 대표자의 신분증, 정관 또는 조직과 운영에 관한 사항, 임대차계약서 등이 포함된다.

고유번호증을 발급받은 이유는 사단법인, 재단법인, 사회적협동조합, 임의단체는 실무적으로 세법에 따른 관리번호인 사업자등록번호를 발급받지 않으므로 고유번호를 이용해 세법에 따른 의무를 이행하기 위함이다. 다음은 고유번호증을 발급받은 비영리법인, 단체가 이행하여야 하는 의무이다.

의무	내용
원천징수 이행상황신고	예술인 등에게 소득을 지급한 경우 소득세를 원천징수하여 과세관청에 납부
지급명세서 제출	소득을 지급한 예술인 등의 명단과 지급액 등에 대한 명세서 제출
사업소득, 근로소득 간이지급명세서 제출	사업소득과 근로소득을 지급한 예술인 등의 명단과 지급액 등에 대한 명세서 제출
근로자 연말정산	비영리법인, 단체의 근로자에 대한 1년 치 급여 연말정산
매입처별 세금계산서, 계산서 합계표 제출	발급받은 매입처별 세금계산서, 계산서에 대하여 합계표를 작성하여 제출

수익사업을 하고 싶다면

비영리 문화예술단체는 문화예술이라는 공익을 목적으로 하는 활동을 하면서 정부의 지원금 또는 기부금 등을 활동의 재원으로 한다. 인적용역제공의 성격이 짙은 문화예술활동은 예술인의 참여가 필수적이며, 이는 예술인의 예술활동에 대한 대가를 문화예술단체가 지급해야 한다는 것을 의미한다. 공익사업을 한다고 하여 예술인에게 대가를 지급하지 않던 시대는 지났다. 또한 예술인에 대한 대가 이외에도 예술활동에 필요한 공간의 임차료, 광고 및 홍보비용 등이 추가로 발생할 수 있으며, 아무리 공익을 목적으로 한다고 하여도 이는 단체에서 부담해야 하는 금액이다. 이러한 비용들 때문에 문화예술단체는 만약 정부의 지원금 및 기부금 등이 부족해진다면 경영난에 처할 수 있다.

이에 비영리 문화예술단체는 수익사업을 통하여 공익활동의 재원을 마련할 수 있다. 비영리의 의미는 앞서 언급한 바 있듯이 단지 단체 내의 이익을 구성원에게 분배하지 않으면 될 뿐, 수익사업을 하지 못한다는 의미는 아니기 때문이다. 물론 위 상황처럼 공익활동을 위한 재원마련을 위해 수익사업을 할 수도 있지만, 수익사업을 하던 예술단체가 이를 재원으로 공익활동을 할 수도 있다. 수익사업이든 공익활동이든 순서는 중요하지 않다. 단지 비영리 문화예술단체가 수익사업을 한다면 그 사업에서 발생한 이익을 구성원에게 분배만 하지 않으면 되기 때문이다. 수익사업을 하는 비영리 문화예술단체는 공익목적의 재원마련을 위한다는 의미에서 각종 의무 면제 등의 혜택을 주어야 할 것 같지만 문화예술단체의 수익사업에 대하여는 세법에 따른 각종 의무를 이행하여야 한다.

문화예술단체의 고유목적사업과 수익사업의 세법에 따른 의무 차이는 부가가치세에서 대표적으로 발생한다. 원칙적으로 비영리법인, 단체가 고유목적사업을 하는 경우 부가가치세법에 따른 의무가 없으므로 사업자등록을 하는 대신 고유번호를 발급받으면 되지만, 비영리법인, 단체가 수익사업을 한다면 부가가치세법에 따른 의무를 이행하여야 하므로 수익사업에 대하여 사업자등록을 하고, 세금계산서를 발급 및 수취하며, 신고기한에 맞게 부가가치세를 신고, 납부하여야 한다. 수익사업을 하는 문화예술단체는 이 책의 부가가치세와 관련된 13장과 14장의 내용이 적용된다는 것이다.

부가가치세뿐만 아니라 소득에 대한 세금인 법인세에서도 의무 차이가 발생한다. 비영리 문화예술단체의 고유목적사업은 기부금 또는 정부의 지원금으로 수행되므로 소득에 대한 세금인 법인세 납세의무가 없지만, 수익사업은 수익에서 비용을 제한 이익이 발생하므로 법인세 신고, 납부의무가 발생한다. 또한 비영리 문화예술단체는 고유목적사업과 수익사업을 겸영하면 고유목적사업과 수익사업을 각각 구분하여 경리하여야 한다.

여기에서 의문점이 생긴다. 예를 들어 음악공연을 통하여 문화예술 활동을 하고 있다고 가정해보자. 과연 그 문화예술단체가 음악공연을 한 예술활동은 고유목적사업에 해당할까? 아니면 수익사업에 해당할까? 고유목적사업에 해당한다면 각종 세법에 따른 의무를 이행하지 않아도 되지만 수익사업에 해당한다면 각종 세법에 따른 의무를 이행하여야 한다. 부가가치세법은 일정한 재화 또는 용역의 제공에 대하여 면세함으로써 부가가치세법에 대한 의무를 면제하고 있다. 실무에서는 이를 보통 면세되는 고유목적사업과 과세되는 수익사업의 구분기준으로 한다. 지금부터는 부가가치세법에서 규정하는 고유목적사업과 수익사업의 구분을 확인해보겠다.

부가가치세법은 공익을 목적으로 하는 단체가 공급하는 재화 또는 용역 중 주무관청의 허가 또는 인가를 받거나 주무관청에 등록된 단체로서 문화, 예술 등 사업을 하는 단체가 그 고유의 사업목적을 위하여 일시적으로 공급하거나 실비 또는 무상으로 공급하는 재화 또는 용역은 면세한다고 규정하였다. 여기에서 주무관청의 허가 또는 인가를 받은 단체는 사단법인, 재단법인, 사회적협동조합을 의미하고 주무관청에 등록된 단체는 임의단체를 의미한다. 공익목적 사업의 종류에 대하여는 시행령으로 열거되어 있으나 문화, 예술과 관련된 재화 또는 용역을 공급하는 사업은 위 규정에 해당한다고 보면 된다.

결국 면세와 과세를 구분하는즉, 고유목적사업과 수익사업을 구분하는 내용 중 가장 중요한 내용은 문화예술활동을 일시적으로 하거나 문화예술활동을 하면서 상대방으로부터 대가를 실비 정도로 받거나 대가를 받지 않으면 면세로 한다는 내용이다. 음악공연을 하는 문화예술단체로 다시 사례를 들어보면 음악공연을 일시적으로 하거나, 음악공연 티켓을 실비 정도에 팔거나 티켓을 무료로 나눠주면 그 음악공연에 따른 예술활동은 고유목적사업에 해당하므로 면세가 적용된다는 것이다. 반대로 문화예술단체가 음악공연을 수시로 하면서 적당한 가격에 티켓을 판매한다면 이는 수익사업에 해당하여 부가가치세가 과세되고, 이익에 대한 법인세가 부과된다.

전문예술법인과 전문예술단체 지정방법

문화예술에 대한 정부의 지원정책과 예술이 지니는 가치에 대한 논의는 문화예술이 사회와 일상생활의 발전에 끼친 영향과 가치를 가늠할 수 있게 한다. 문화예술지원은 일반적인 다수에게 수준 높은 문화예술을 향유하게 하는 것이 목표라고 할 수 있다.[166] 정부는 문화예술지원정책을 통해 목표를 이루게 되며, 이러한 지원정책은 전에 언급했듯이 간접적인 방법에 따라야 한다. 공공재의 성격인 문화예술을 다수에게 향유하게 하는 것은 정부뿐만 아니라 민간을 통해 이루어질 수도 있는데, 이는 창작의 자유, 표현의 자유를 보장받아야 하는 예술가의 입장에서나 또는 간접지원을 추구해야 하는 정부의 입장에서도 긍정적으로 작용할 수 있다. 이때 정부도 정책을 통해 민간을 지원하는 것만으로 국가의 문화예술 수준을 높일 수 있는데, 이렇게 정책을 통해 민간의 문화예술을 간접적으로 지원하는 제도 중 하나가 바로 전문예술법인과 전문예술단체의 지정제도이다.

전문예술법인·단체 지정제도는 대표적인 간접지원제도이다. 대부분 주요 공연예술단체들이 법인격이 없는 임의단체나 비영리법인의 형태를 취하고 있어 단체의 자생력과 경쟁력을 갖추는데 제약요인으로 작

---

166   남경호, 「역대 정부의 문화예술지원정책 연구」, 고려대학교 박사논문, 2018, p.23

용하고 있는 것이 현실이다. 이에 민간의 경우 법인격이나 단체의 성격에 관계없이 국가 및 지방자치단체가 단체의 전문성을 인정하여 세제 혜택 등 제도적 지원장치를 마련하는 취지로 이 제도가 도입되었다. 전문예술법인·단체 지정제도는 문화예술진흥법에 따른 제도이며 전문예술법인·단체로 지정을 받으면 문화예술지원정책의 적용을 받을 수 있다.

이제 전문예술법인·단체로 지정받는 방법에 대하여 알아보자. 문화예술활동을 하는 비영리법인, 단체의 법적 형태는 법인격이 있는 사단법인, 재단법인, 사회적협동조합이 있고, 법인격이 없는 임의단체가 있다고 하였다. 여기에서 사단법인, 재단법인, 사회적협동조합은 전문예술법인으로 지정받을 수 있고, 임의단체는 전문예술단체로 지정받을 수 있다. 민간의 비영리법인과 단체가 전문예술법인·단체로 지정받기 위해서는 다음 중 어느 하나에 해당하는 비영리법인 또는 단체이어야 한다.

1. 미술, 음악, 무용, 연극, 국악, 사진과 관련된 전시, 공연, 기획 및 작품 제작을 주된 목적으로 하는 비영리법인 또는 단체
2. 공연 또는 전시시설의 운영을 목적으로 하는 비영리법인 또는 단체
3. 그 밖에 대통령령으로 정하는 기준에 적합한 문화예술 관련 비영리법인 또는 단체

전문예술법인·단체 지정제도는 현재 예술경영지원센터에서 총괄하여 운영하고 있는데, 지정받으려는 비영리법인 및 임의단체는 주소지 주무관청에 다음의 서류를 제출하여야 한다.[167]

1. 전문예술법인·단체 지정신청서
2. 정관 또는 이에 준하는 약정 1부
3. 고유번호증 사본 1부(해당하는 경우로 한정한다)
4. 박물관 등록증 또는 미술관 등록증 또는 공연장 등록증 사본 1부(해당하는 경우로 한정한다)
5. 조직·인력 운영현황 자료 1부
6. 사업실적 및 결산서 각 1부
7. 공연·전시 실적이나 문화예술 사업 및 활동의 지원 실적 또는 공연·전시시설의 운영실적을 증명하는 서류 1부

여기에서 주소지의 주무관청은 서울시청과 세종시청 그리고 6개의 광역시의 시청과 각 도의 도청을 의미한다. 서류의 제출 시기는 각 시도마다 다르므로 비영리법인 및 임의단체의 주소지 주무관청 홈페이지에서 확인하여야 한다. 그림으로 전문예술법인·단체의 지정절차를 확인하면 다음과 같다.

---

167 서류제출만으로 전문예술법인·단체의 지정이 확정적으로 되는 것은 아니다. 지정 심의위원회의 심의를 거치게 된다.

전문예술법인·단체 지정절차

단체의 법적 형태에 따라 신청유형 구분
(사단법인, 재단법인, 사회적협동조합은 전문예술법인 /
임의단체는 전문예술단체)

신청자격 충족여부 확인(문화예술진흥법 제7조)

서류 준비(문화예술진흥법 시행령 제4조)

관할 시도의 지정신청 시기 숙지

지정신청 시기에 맞춰 관할 시·도청에 관련 서류제출

지정 확정 통보를 받은 후 지정서 발급

전문예술법인과 전문예술단체 혜택

문화예술단체는 영리 목적의 유무에 따라 나뉘고 영리 목적이 없다면 비영리단체에 해당한다. 비영리단체는 법인격의 유무에 따라 나뉘며 법인격이 있다면 비영리법인으로 구분되고 법인격이 없다면 임의단체로 구분된다. 비영리법인은 민법에 따라 사단법인과 재단법인을 설립할 수 있고, 협동조합기본법에 따라 사회적협동조합을 설립할 수 있으며, 활동의 목적에 공익성이 있다면 공익법인으로 인정받을 수 있다. 마지막으로 비영리법인은 공익법인인지 여부와는 별개로 문화예술진흥법에 따라 전문예술법인으로 지정받을 수 있으며 임의단체는 법인이 아니므로 공익법인에 해당하지는 않지만 전문예술단체로 지정받을 수 있다.

현행 공익법인제도는 민법, 공익법인법 및 특별법[168] 등의 근거법령에 의해 운영되고 있다. 또한 세제 혜택과 관련된 과세상의 근거법령 역시 법인세법, 상속세 및 증여세법, 부가가치세법 등 그 과세목적에 따라 달리 규정되고 있다. 이러한 공익법인제도는 각각의 근거법령에 의해 그 대상 범위가 상이하여 적용 및 관리상의 혼란을 야

---

168 문화예술과 관련하여서는 문화예술진흥법이 이에 해당한다.

기할 수 있다.[169] 이에 문화예술단체 고유목적사업의 공익성을 심의하고, 혜택 대상의 범위를 명확히 하는 것이 본 지정제도의 유의미한 취지이다.

이처럼 법률의 적용과 단체의 성격에 따른 분류 등 복잡한 내용에도 불구하고, 단체의 법적인 형태와 관련하여 비영리 문화예술단체의 최종 목적지는 사단법인, 재단법인, 사회적협동조합은 전문예술법인으로 그리고 임의단체는 전문예술단체로 지정을 받는 것이다. 그렇다면 왜 전문예술법인·단체로 지정을 받아야 하는 것일까? 바로 이 지정제도가 정부가 문화예술단체를 간적접으로 지원하는 제도이기 때문이다. 2021년 12월 31일 기준으로 지정이 유효한 전문예술법인·단체는 총 1,562개이며 각각 전문예술법인은 540개, 전문예술단체는 1,022개이다. 이제 전문예술법인과 전문예술단체가 받는 혜택에 대하여 알아보자.

1. 세법상 공익법인 인정[170]

전문예술단체에게 기부한 개인이나 법인은 일정 한도 내에서 세금공제 혜택을 받을 수 있다. 전문예술단체는 기부한 개인이나 법인에게 공익법인으로서 기부금영수증을 발급하게 되고, 기부금영수증을 발급받은 개인이나 법인은 소득세나 법인세를 계산할 때 세액공제를

---

169 이영환, 「공익법인 과세체계 정립에 관한 연구」, 서울시립대학교 박사논문, 2014, p.133
170 지정기부금단체에서 공익법인으로 명칭이 변경되었다.

받거나 경비처리를 하여 납부세액을 줄일 수 있다. 따라서 공익법인으로 지정이 되면 기부금을 받을 수 있는 동기부여가 될 수 있다. 그러나 전문예술법인은 2018년도 법인세법 개정에 따라 전문예술법인으로 지정이 된다고 하더라도 공익법인으로 인정되는 것은 아니다. 따라서 전문예술법인은 주무관청에 별도로 공익법인 지정신청을 하여야 한다.

2. 기부금 공개모집 허용

기부금은 기부 금품의 모집 및 사용에 따른 법률에 따라 1천만 원 이상의 기부금을 모집하려면 등록청에 등록하여야 한다. 그러나 전문예술법인이나 전문예술단체로 지정되면 기부금품의 모집 및 사용에 관한 법률에도 불구하고 기부 금품을 공개모집할 수 있다.

3. 상속세 및 증여세 면제

전문예술단체와 별도 절차에 따라 공익법인으로 지정을 받은 전문예술법인은 상속세 및 증여세가 면제된다.

4. 각 시도별 행정적 지원

지자체별로 약간의 차이는 있으나 전문예술법인·단체로 지정되면 각 시도별 조례에 근거하여 예산범위 내 경비보조, 공공자금지원 우선, 공공시설의 대관, 시설 무상 제공 등 기타 행정적 지원을 받을 수 있다.

비영리법인
(사단법인,
재단법인,
사회적협동조합)

전문예술법인

① 공익법인 인정 안 됨, 별도로 공익법
  인 신청 해야 함

② 기부금 공개모집 가능

③ 출연재산에 대한 상속세 및 증여세
  면제

④ 시도별 행정적 지원

비영리단체
(임의단체)

전문예술단체

① 세법상 공익법인 인정

② 기부금 공개모집 가능

③ 출연재산에 대한 상속세 및 증여세
  면제

④ 시도별 행정적 지원

공익법인회계기준과 공시의무

과거 공익법인이 적용하는 회계는 여러 법령에 관련 내용이 포함되어 있었지만, 회계처리와 재무제표 작성에 관한 내용은 미흡했다. 그러나 2018년 공익법인회계기준이 기획재정부의 행정규칙으로 시행되었고, 2020년, 2021년 공익법인과 관련된 의무와 관련된 규정이 정비됨에 따라 법인세법에 따라 공익법인으로 지정받은 비영리법인과 전문예술단체인 임의단체는 세법에 따른 공익법인으로서 장부를 작성하고 이를 국세청에 공시해야 하는 의무가 있다. 공익법인은 기부금을 모집하거나 지역문화재단 등에서 지원금 등을 받을 수 있으므로 비영리 예술활동의 재원을 제공하는 자들에게 당초 목적에 따라 사용되고 있는지 등의 유용한 정보를 제공할 필요가 있기 때문이다.[171] 이에 공익법인은 공익법인회계기준에 따라 장부를 작성해야 하며 이를 국세청에 공시하여 누구나 조회할 수 있게 하여야 한다.

공익법인 회계기준은 공익법인의 회계처리 및 재무제표를 작성하는 데 적용되는 기준을 제시하는 것을 목적으로 한다. 이 기준에 따라 회계처리 및 재무제표를 작성할 때는 발생주의 회계원칙에 따라 복식부기 방식으로 하여야 하며, 복식부기란 계정과목을 통하여 대변

---

171 기획재정부 자료. 「공익법인 회계기준 실무지침서」, 기획재정부, 2018, p.2

과 차변으로 구분하여 이중기록 및 계산이 되도록 하는 장부작성 방법을 말하며, 발생주의란 현금 수수와는 관계없이 수익은 실현되었을 때, 비용은 발생하였을 때 인식하는 개념으로 경제가치량의 증가나 감소의 사실이 발생한 때를 기준으로 수익과 비용을 인식하는 것을 말한다. 공익법인 회계기준을 소개했지만, 이 책에서 복식부기와 발생주의회계를 자세히 설명할 수는 없다. 공익법인을 이미 운영하고 있거나, 설립할 예정이라면 공익법인 회계기준에 따라 장부를 작성해야 한다는 것 정도는 알고 있자.

공익법인 회계기준에 따라 장부를 작성했다면, 이를 공시해야 하는 의무가 있다. 공시의무는 사업연도 종료일부터 4개월 이내에 이행하여야 하며, 기부금영수증 발급합계표 제출은 6개월 이내에 이행하여야 한다. 보통 공익법인 사업연도는 매년 1월 1일부터 12월 31일까지이므로 대부분 의무는 4월 말일까지, 기부금영수증 발급합계표 제출은 6월 말일까지 이행하면 된다. 공익법인의 의무는 당연히 자산규모, 출연재산규모 등에 따라 달라지는데, 대부분의 공익법인인 총재산가액 5억 원 미만이면서 수익금액과 출연재산가액 합계액 3억 원 미만인 공익법인은 간편공시할 수 있으며, 총재산가액이 100억 원 이상인 공익법인은 외부 회계법인 감사를 받아 감사보고서를 제출해야 한다. 공익법인의 의무를 정리하면 아래와 같다.

의무	내용
출연재산 보고서 등 제출	출연받은 재산이 있는 모든 공익법인
결산서류 등 공시	모든 공익법인(총자산가액 5억 원 미만이면서 수입금액과 출연재산가액 합계액이 3억 원 미만인 경우 간편공시 가능)
외부전문가 세무확인 결과 보고	총자산가액 5억 원 이상 또는 수입금액과 출연재산가액 합계액이 3억 원 이상인 공익법인
외부회계 감사보고서 제출	총자산가액 100억 원 이상 또는 수입금액과 출연재산가액 합계액이 50억 원 이상 또는 출연재산가액이 20억 원 이상인 공익법인
연간 기부금모금액과 활용실적 공개	공익법인으로 지정받은 비영리법인
국세청에 의무이행 여부 보고	공익법인으로 지정받은 비영리법인
기부금영수증 발급합계표 제출	기부금영수증을 발급한 모든 공익법인

예술만 하고 싶다

예술이 보호받아야 하는 것은 당연하다. 우리 사회에 예술이 없으면 안 된다는 사실은 누구나 알고 있기 때문이다. 그러나 예술 그 자체라고 볼 수 있는 예술인의 지위는 대한민국에서 그리 높지 않은 것이 현실이다. 우리나라는 예술인의 권익 보호를 위해 법과 제도를 지속해서 생산하고 있지만, 예술의 현장은 저 먼 곳에서 모든 것은 자신의 책임인 것처럼 예술만 바라보고 있을 뿐이다. 대한민국 예술인은 예술만 해서는 그들의 지위와 권익을 보호받을 수 없다. 나는 이 책을 펼친 모든 예술인이 대한민국의 법과 제도에 한 발 더 가까이 다가가기를 바란다.

마지막으로 예술에 대한 열정과 자부심으로 우리 사회와 사회 구성원의 삶의 질을 높이는 예술활동을 하는 모든 대한민국 예술인에게 존경을 보내며, 법과 제도로서 그들의 권리가 보호받는 것은 당연한 것임을 다시 한번 강조한다. 1980년 10월 27일 제21차 유네스코 총회에서 채택된 예술가 지위에 관한 권고 일부를 소개하며 이 책을 마친다.

회원국은 개인의 생활과 발전 및 사회에 미치는 예술의 역할이 필수적임을 인정, 그에 따라 예술가와 그의 창작의 자유를 보호, 방위, 조력해 줄 의무를 갖는다. 이런 목적을 위하여 회원국은 모든 필요한 조치를 다 하여 예술활동과 재능의 만개를 자극해야 하며, 특히 이를 위해서는 예술가의 보다 많은 자유 − 이 자유가 없이는 예술가는 맡은 바 사명을 다할 수 없는 − 를 확보해 주고 그들의 지위를 향상시켜줄 제반 조치들을 채택해야 하고 또한 예술가들에게는 그들 활동의 결실을 향유할 권리가 있음을 인정해주어야 한다. 회원국은 모두 적절한 수단을 동원하여 예술가들에게 생활의 질에 관계되는 결정에 참여할 기회의 확대를 보장해 주도록 노력해야 한다. 회원국은 임의로 모든 방법을 통하여, 보다 정의롭고 보다 인도적인 사회를 건설하여 평화와 정신적인 풍요가 있는 환경에서 함께 살아갈 수 있도록 세계 각국이 범세계적인 노력을 하는데 예술활동이 한몫을 한다는 것을 예시하고 확인해야 한다.

예술
인

필독서
개정판

초판 1쇄 발행 2022. 12. 28.

지은이 안효준
펴낸이 김병호
펴낸곳 주식회사 바른북스

편집진행 김주영
디자인 최유리

등록 2019년 4월 3일 제2019-000040호
주소 서울시 성동구 연무장5길 9-16, 301호 (성수동2가, 블루스톤타워)
대표전화 070-7857-9719 | **경영지원** 02-3409-9719 | **팩스** 070-7610-9820

•바른북스는 여러분의 다양한 아이디어와 원고 투고를 설레는 마음으로 기다리고 있습니다.

이메일 barunbooks21@naver.com | **원고투고** barunbooks21@naver.com
홈페이지 www.barunbooks.com | **공식 블로그** blog.naver.com/barunbooks7
공식 포스트 post.naver.com/barunbooks7 | **페이스북** facebook.com/barunbooks7

© 안효준, 2022
ISBN 979-11-6545-966-6 93360